योगसूत्र एवं आसन

योगसूत्र एवं आसन

लेखिका

डॉ. (श्रीमती) रंजु बाला पटियाल

एसोसिएट, प्रो., दयानन्द एंग्लो वैदिक महाविद्यालय, बनीखेत

हिमाचल प्रदेश

सह लेखिका

डॉ. (श्रीमती) मंजु खन्ना

एसोसिएट प्रो., दयानन्द महिला महाविद्यालय, फरीदाबाद

हरियाणा

स्पोर्ट्स एजुकेशनल टेक्नोलॉजीस

दिल्ली – 110002

योगसूत्र एवं आसन

ISBN - 978-93-84603-28-1

प्रकाशक

स्पोर्ट्स एजुकेशनल टेक्नोलॉजीस

102, 4787/23, अन्सारी रोड

दरियागंज, नई दिल्ली – 110002

011–23246222, 09811197091, 9312220441

sportseducationaltechnologies@gmail.com

मुद्रक

नवप्रभात प्रिटिंग प्रेस, दिल्ली

भारत में प्रकाशित

प्राक्कथन

आजकल के मशीनी युग में प्रत्येक व्यक्ति ने परिश्रम करना छोड़ दिया है, जिसके फलस्वरूप वह तनावग्रस्त एवं रोगग्रस्त हो गया और प्रकृति से कोसों दूर चला गया है। इस पुस्तक का मूल उद्देश्य जनसाधन की मानसिक समस्याओं को दूर करना एवं काया को निरोगी बनाने में सहायता प्रदान करना है। प्रत्येक व्यक्ति अष्टांग योग के अन्तर्गत आने वाले आसनों को यथाविधि करके अपने जीवन को हर्षोल्लासयुक्त एवं स्वस्थ बना सकता है । योग के विशय में निम्न ग्रंथों के वक्तव्य इस प्रकार हैं : –

योग

युज् धातु से वरण मं छत्र् प्रत्यय लगाकर 'योग' शब्द निष्पन्न हुआ है – युज्यते अनेन इति योगः'। पुरूषार्थ चतुष्ट्य के प्राप्ति में योग की महत्वपूर्ण भूमिका है। नैतिक, दैहिक अध्यात्मिक मूल्यों की स्थापना में योगशास्त्र का अत्यधिक महत्व है। इस शास्त्र का मूल ग्रंथ पातंजल योगशास्त्र है।

महाभारत में योग

इसमें योग के विषय में लिखा है कि परमात्मा और आत्मा का एकात्मक स्वरूप योग से ही सिद्ध हो सकता है। इसी को समाधि कहा जा सकता है, जैसे पानी एवं नमक को मिला देने से दोनों एक हो जाते हैं, ठीक उसी प्रकार आत्मा तथा मन जब एक हो जाता है तब उसे समाधि कहा जाता है। इसकी पुष्टि हेतु निम्न श्लोक दिया जा रहा है–

जलसैन्धनयोः साम्यं यथा भवति योगतः

तथात्म मनसारैक्यं समाधि रिहभयते

महाभारत का अंशस्वरूप श्री मद्भगवद्गीता भी एक योग शास्त्र है। इसकी पुष्टि महाभारत के इस तथ्य से होती है कि संजय, कृष्ण को महायोगेश्वर कहते हैं । अतः जो षास्त्र उनकी वाणी से मुखरित हुआ है, वह योगशास्त्र ही तो होगा –

'एवमुक्त्वा ततो राजन्महायोगेश्वरो हरिः (गीता 11.9)

गीता में योग

विद्वानों का विचार है कि गीता में अनेक योगों का निरूपण हुआ है। ज्ञान, सांख्य, भक्ति आदि का वहां प्रत्यक्ष दर्शन होता है किन्तु उसके अतिरिक्त भी अनेक प्रकार के योग बताए गए हैं। उदाहरणतः (1) समत्वं योग उच्यते (2.48), (2) तस्माद् योगाय युज्यस्व योगः कर्मसु कौशलम् (12. 30), (3) योगयुक्तात्मा (6.29), (4) योगोऽनिर्विषणचेतसा (16.23), (5) त्रोपरमते चित्तं निरूद्धं योगसेवया (16.20), (6) योगी परमो मतः (6.32), (7) योगोदुष्प्राप्य इति में भतिः (16.36), (8) योगी मयी वर्तते (16.3), (9) तस्मात् सर्वेषु कालेषु योग युक्तो भवार्जुन (18.27), (10) योगो भवति दुःखहा (16.27) (11) तद्धावान भजते यो मां स में युक्ततमो मतः (16.47) इस प्रकार गीता के विशाल भण्डार से कुछ थोड़े से स्वर्णिम वचनों से सिद्ध होता है कि गीता में योग की विस्तृत चर्चा है एवं गीता का योग बहुआयामी है। गीता के योग का मूल उद्देश्य जीवात्मा के प्रतिनिधि (अर्जुन) और परमात्मा के प्रतिनिधि (योगेश्वर कृष्ण) का मिलन को सिद्ध करता है।

भागवतपुराण में योग

श्रीमद्भागवत महापुराण एक योगशास्त्र माना जा सकता है। ज हम सबसे प्रथम अध्याय के पृष्ठ को खोलते हैं तो हमें योग मर्मज्ञ शुकदेव जी और योगभास्कर नारद जी के दर्शन होते हैं। बस यहीं से योग की धारा

प्रवाहित होती चली गई। भागवत में अष्टांग योग का वर्णन स्थान स्थान पर बिखना पड़ा है, यथा – द्वितीय स्कन्ध के अध्याय एक एवं दो में, तीसरे स्कन्ध के पच्चीसवें तथा अठाईसवें अध्यायों में तथा 3.22 अध्याय में इसका प्रभाव व साधना पर वर्णन दृष्टव्य है । इन स्थानों में योग का इतना विषद वर्णन है कि जो 'श्रीमद्भागवत महापुराण' को योगशास्त्र सिद्ध करने के लिए पर्याप्त कहा जाए तो कोई ओतवाणी नहीं होगी । अष्टांग योग के महत्वपूर्ण अंग आसन हैं। महर्षि पतंजलि कहते हैं कि स्थिर और सुखपूर्वक बैठना ही आसन है 'स्थिरसुखमासनम् (पा. पो. द.) 2.46 त्रिशिखि ब्राह्मणोपनिषद् कहती है कि जिसने आसन जय कर लिया मानो उसने जगत जीत लिया।' आसनं विजितं येन जितं तेन जगत्त्रयम्। (त्रिशिखिब्राह्मणोपनिषद् – 2.52) साधक को अनेक प्रकार के सर्दी गर्मी द्वन्द्वों का आघात सहन करना पड़ता है। आसन के द्वारा ही इन द्वन्द्वों को सहन करने की शक्ति आ जाती है। ततोद्वन्द्वानभिघातः (पा. यो द. 2.48)

योग के परिणाम

योग आसनों क निरन्तर अभ्यास से मनुष्य जीवन स्वस्थ और आनन्दमय हो जाता है। उसके जीवन में शारीरिक, मानसिक एवं आध्यात्मिक परिवर्तन आ जाते हैं, जिनका उल्लेख इस प्रकार किया गया है –

शारीरिक शान्ति – योग का नियमित अभ्यास न करने वाले को अपनेक प्रकार की शारीरिक समस्याओं को भोगना पड़ता है, जैसे रक्तचाप का बढ़ना, जीवनी शक्ति का कम होना, भार का बढ़ना या कम होना। आसनों के सम्यक् रूपेण एवं नियमित अभ्यास से रक्तचाप स्थिर हो जाता है एवं जीवनी शक्ति बढ़ जाती है और जिस व्यक्ति का भार बढ़ जाता है, वह आसनोभ्यास से कम हो जाता है। इस प्रकार उसकी सम्पूर्ण शारीरिक क्रियाएं सुचारू रूप से सम्पन्न हो जाती है।

आध्यात्मिक शान्ति – विभिन्न ग्रंथों में योग के माध्यम से आत्मा परमात्मा का मिलन एवं ब्रह्म प्राप्ति का उल्लेख मिलता है। योग के अनिवार्य अंग आसन से साध्क तप करके अनेक प्रकार की सिद्धियों को प्राप्त करता है और आसनों के नियमित अभ्यास से एकाग्रचित होकर और सर्दीगर्मी द्वन्द्वों से मुक्त होकर आध्यात्मिक शान्ति पाता है।

मानसिक शान्ति – जो व्यक्ति कुछ महीने तक नियमित रूप से आसनों का अभ्यास करता है, वह मानसिक रूप से अधिक स्वस्थ और समर्थ होता है। उसकी स्मरण शक्ति एवं बौद्धिक शक्ति में वृद्धि होती है। उसका मानसिक तनाव भी कम होता है।

योग का प्रयोग एवं प्रभाव

योग का आध्यात्मिक एवं स्वास्थ्य सम्बन्धी उपयोगिता तो सर्वविदित ही है। योग का आजकल बड़े चिकित्सीय संस्थानों में रोगों के उपचार हेतु प्रयोग किया जाता है। योग आसनों के द्वारा बिना चीरफाड़ के असाध्य रोगों पर भी विजय प्राप्त कर जा सकती है। योग आसनों से शारीरिक एवं मानसिक तनाव दूर हो जाता है। प्रत्येक व्यक्ति का जीवन सुचरू रूपेण चलने लगता है।

योगसूत्र में आसनों की उपयोगिता नामक ग्रन्थ को पांच अध्यायों में विभक्त किया गया है।

प्रथम अध्याय पतंजलि में योग की परम्पराएं योगशास्त्र में पतंजलि का स्थान एवं योग दर्शन का संक्षिप्त परिचय वर्णित है।

द्वितीय अध्याय में योग शब्द की व्युत्पत्ति एवं व्याख्या, योग का लक्ष्य, साधनों की उपयोगिता एवं अष्टांग योग का संक्षिप्त परिचय है।

तृतीय अध्याय में अष्टांग योग के महत्वपूर्ण अंग, आसनों का स्वरूप, विभिन्न ग्रन्थों में वर्णित आसनों की संख्या शाण्डिल्योपनिषद् व्यासभाष्य के अनुसार आसनों के प्रकार एवं हठप्रदीपिका और घरेण्ड

संहिता में वर्णित आसनों के स्वरूप का निरूपण किया गया है।

चतुर्थ अध्याय में योग साधना में आसनों का महत्व, हठप्रदीपिका एवं घेरेण्ड संहिता में वर्णित आसनों की अभ्यास विधि एवं लाभों की चर्चा की गई है। इसके अतिरिक्त उपयुक्त आसनों को करते समय किन किन सावधानियों को ध्यान में रखना चाहिए, उनका संक्षिप्त रूपेण वर्णन किया गया है।

पंचम अध्याय में आसनों का चिकित्सकीय प्रयोग एवं जीवनपद्धति पर प्रभाव दर्शाया गया है, जिसमें विभिन्न आसनों के माध्यम से रोगों की रोकथाम का विस्तारपूर्वक विवेचन किया गया है।

समर्पण

त्वदीयं वस्तु गोविन्द, तुभ्यमेव सर्मपयामि

तप, त्याग एवं प्रेम के स्त्रोत परम पूज्य, प्रातः स्मरणीय पिता जी

श्री रोशनलाल खन्ना जी

एवं डॉ. विनय पटियाल

एम. बी. बी. स. डी. सी. डी. डी.

एफ. आई. सी. स.

एच. पी. एच. एस.

जिनके चरणें में यह पुस्तक समर्पित करते हुए अपार हर्श एवं आनन्द की अनुभूति हो रही है ।

— **डॉ. रंजुबाला पटियाल**

आभार प्रदशन

मैं उन महर्षियों एवं लेखकों के प्रति आभार व्यक्त करती हूँ जिनकी पुस्तकों से प्रत्यक्ष एवं अप्रत्यक्ष रूप से सहयोग मिला है। मैं आधुनिक चिकित्सकों की भी अत्यन्त आभारी हूँ जिन्होंने अपने प्रयोगात्मक ज्ञान से मुझे कृतज्ञता किया है। मैं अपनी भगिनी डॉ. डोली की अत्यन्त आभारी हूं, जिन्होंने मेरा मार्गदर्शन किया है। मैं अपने पिता जी एवं स्वर्गीय माता जी की धन्यवादी हूं जिन्होंने मुझे पढ़ा लिखा कर सुयोग्य बनाया। मैं अपनी भगिनी डोली के प्रति कष्तज्ञयता व्यक्त करती हूं, वह मुझे समय समय पर लेखन के लिए प्रेरित करती रहती है।

इसके अतिरिक्त मैं अपने पति डॉ. विनय पटियाल एवं सुपुत्री कुमारी मृणलिनी पटियाल की भी आभारी हूं, जिसने मुझे लेखन में पूर्ण सहयोग दिया। मैं अपनी बहन सीमा के प्रति आभार व्यक्त करती हूं जिसने मुझे परोक्ष एवं अपरोक्ष रूप से सहयोग दिया। मैं साहिल दुआ की भी आभारी हूं जिसने विभिन्न पुस्तकों को दिलाने में मुझे अपना भरपूर सहयोग दिया।

मैं प्रकाशक फ्रेन्डस् पब्लिकेशंनज़ (इंडिया) एवं टाइपिस्ट कुमारी अदिति की भी आभारी हूं, जिन्होंने समय पर इस पुस्तक का प्रकाशन किया।

दो शब्द

मुझे अति प्रसन्नता हो रही है कि डॉ. रंजुबाला पटियाल एवं डॉ. मंजु खन्ना द्वारा लिखित 'पतंजलि योगसूत्र एवम् आसन' नामक पुस्तक पर अपने विचारों को अभिव्यक्त करने का सुअवसर प्राप्त हुआ। इस पुस्तक में योग की विविध परम्पराएं एवं पतंजलि योगसूत्र का संक्षिप्त परिचय देते हुए योग की व्युत्पत्ति एवं लक्ष्य बताया गया है। इसके साथ ही साथ में पतंजलि योगसूत्र मे वर्णित अष्टांग योग का संक्षिप्त परिचय देते हुए अष्टांग योग के महत्वपूर्ण अंग आसनों का विवेचन किया गया है।

इस पुस्तक में विभिन्न ग्रन्थों में वर्णित आसनों के स्वरूप का वर्णन करते हुए और जनसाधारण को कौनसा आसन किस प्रकार करना चाहिए, इसका भी सम्यक् रूपेण विवचेन किया गया है। इसके अतिरिक्त आसनों को नियमित रूप से करने से विभिन्न रोगों से मुक्ति पाने के विषय में भी बताया गया है।

सरकार को चाहिए कि योग को पाठ्यक्रम का अनिवार्य अंग बनाएं, जिससे हर विद्यार्थी का शारीरिक, मानसिक एवम् आध्यात्मिक विकास हो सके।

मुझे आशा है कि यदि व्यक्ति अपने दैनिक जीवन में आसनों का नियमित रूप से प्रयोग करेगा तो वह स्वस्थ एवं दीर्घायु होगा। लेखिका एवम् सहलेखिका ने अष्टांग के महत्वपूर्ण अंग आसनों पर मार्मिक विचार प्रकट किये हैं और जनसाधारण की भाषा का प्रयोग किया है।

मैं पुनः लेखिका एवं सहलेखिका को बधाई देती हूं और प्रकाशक को भी बधाई देती हूं, जिन्होंने इस पुस्तक को प्रकाशित करने का बीड़ा उठाया और जन जन को पहुंचाने का दृढ़ संकल्प लिया।

डॉ. डोली सन्ता

विषय सूची

प्रथम अध्याय

विषय प्रवेश, योग का इतिहास

1. योग की परम्परा

योग विद्या का इतिहास बहुत पुराना है। यह सृष्टि के प्रारम्भ से ही विद्यमान है। ऋग्वेद के दसवें मण्डल में कहा गया है कि हिरण्यगर्भ जो सूर्यादि तेजस्वी पदार्थों का गर्भ – उत्पत्ति, स्थान, उत्पादक है वह ही प्रथम था, वह सब जगत् का सनातन पादुर्भूत प्रसिद्ध पति है।[1] इस प्रकार हिरण्यगर्भ की स्तुति वेदों में अन्यत्र की गई है ।

योगी परम्परा की मान्यता है कि 'हिरण्यगर्भ' ही योग के आदि प्रवक्ता हैं, अन्य कोई नहीं।[2] इस कल्पना का संकेत अन्यत्र भी मिलता है।

महाभारत में सांख्य का प्रवक्ता कपिल तथा योग का आदि प्रवक्ता हिरण्यगर्भ को कहा गया है।[3] आगे कहा है कि यह द्युतिमान् (प्रकाशपुंज) हरिण्यगर्भ वही है जिसकी वेद में स्तुति की गई है तथा जिसकी योगी लोग नित्य पूजा करता हैं, जो संसार में विभू नाम से प्रसिद्ध है।[4]

यह हिरण्यगर्भ भगवान समष्टि बुद्धि है, इन्हीं को योगी लोग महान तथा विरञ्चि और (अज) अजन्मा भी कहते हैं।[5]

अदभुत रामायण हिरण्यगर्भ को जगत का अन्तरात्मा बताती है।[6] श्री मद्भागवतपुराण में कहा है कि 'हे योगेश्वर ! यह योगकौशल वही है जिसे भगवान हिरण्यगर्भ ने कहा था।[7]

अतः उपर्युक्त उद्धरणों के अनुसार हिरण्यगर्भ ही योग विद्या के आदि प्रवक्ता हैं।

योग की वैदिक परम्परा

हिरण्यगर्भ से अग्नि, वायु, आदित्य, अगिंरा, इन चार ऋषियों ने समाधि की उच्च अवस्था में वेदमन्त्रों का साक्षात्कार किया। वे ऋषि मन्त्रद्रष्टा कहलाए। वे ऋषि देव कोटि के विद्वान थे, इसीलिए वेदों में आए देव शब्द की निरूक्ति या निर्वचन शतपथब्राह्मण में[8] विद्वान पुरूष ही देव तथा यास्काचार्य ने निरूक्त शास्त्र में[9] देव दान से, प्रकाष करने से, ज्ञान की ज्योति तथा आकाश के समान (उच्च) स्थानीय होने से निरूक्ति की है। उन ऋषियों के पश्चात ब्रह्मा नामक ऋषि चारों वेदों का ज्ञाता हुआ। पुराणों में मान्यता है कि ब्रह्मा के चारों मुख से वेद प्रकट हुए। इससे यही कहा जा सकता है कि ब्रह्मा इतना विद्वान था कि जितनी शक्ति चार मुखों में होती है, उतनी उसके एक मुँह में थी। कुछ भी हो ब्रह्मा के पश्चात (नारायण), विष्णु भर्ग (महादेव), वसिष्ठ, मैत्रावरूणो, विश्वामित्रोगोथिन, अगस्त्योमैत्रावरूण, मनुवैंवस्वतः, याज्ञवल्क्य, नारद आदि ऋषि हुए, जिन्होंने यजुर्वेद आदि के मन्त्रों का साक्षात्कार किया।[10] ये सभी समाधि आदि योग साधनों की विधि भली प्रकार जानते थे। अतः वेदार्थ को जानने की प्रक्रिया यही है क्योंकि धारणा, ध्यान, समाधि (संयम योग)[11] में जिस जिस विषय में योगी संयम करता है, उस समय योगी को बुद्धि प्रकाश हो जाता है अर्थात उसकी बुद्धि में अलौकिक ज्ञान शक्ति आ जाती है।[12] यही तो अध्यात्म प्रसाद है।[13] उस समय (योगी की) बुद्धि (ऋतम्भरा) वस्तु के सत्य स्वरूप को ग्रहण करने वाली होती है।[14]

ऊपर नामांकित ऋषियों की परम्परा के अतिरिक्त उपनिषदों में भी ब्रह्मविद्या या योग विद्या की शिष्य परम्परा का प्रथम महत्वपूर्ण संकेत प्राप्त होता है । मुण्डक के अनुसार देवों में मुख्य देव सर्वप्रथम ब्रह्मा हुआ जो सारे जगत का कर्त्ता और सब लोकों का रक्षक कहा गया। उसने सब विद्याओं में प्रतिष्ठित प्रधान ब्रह्म विद्या अपने ज्येष्ठ पुत्र अथर्वा को कही। अथर्वा ने अंगिरा को बताई, अंगिरा ने भारद्वाज गोत्रीय सत्यवाह को बताई। भारद्वाज सत्यवाह से एक दूसरे के बाद परम्परा से चली आ रही उस (ब्रह्म या योग)

विद्या को अंगिरस ऋषि ने ग्रहण किया। अंगिरस ऋषि ने यह अध्यात्म योग विद्या महाशाल शौनक को सिखाई।[15]

इससे ज्ञात होता है कि विभिन्न ऋषियें की पश्थक पश्थक परम्पराएँ चलती रहीं। काठक[16] तथा श्वेताश्वतरोपनिषद[17] आदि उपनिषदों में योगविद्यि और उसके साधारण उपायों का पर्याप्त उल्लेख हुआ है। स्मृतियों आदि में भी योग का दिग्दर्शन होता है। कालखण्ड की दृष्टि से, पातंजल योग से सांख्य दर्शन प्राचीन है। इसमें ज्ञान के उपाय रूप से वृत्ति निरोध, आसन, धारणा, ध्यान, अभ्यास, वैराग्य आदि का उल्लेख है। पातंजल योगदर्शन में इनकी प्रयोग विधि प्राप्त है। न्यायदर्शन में वैशेषिक दर्शन में तथा वेदान्त आदि दर्शनों में भी चित्तवृत्तिनिरोध[18] के लिए आसन, प्राणायाम, ध्यान, एकाग्रता आदि उपायों का विधान अन्य दर्शनों का पूरक होता हुआ भी योगबुद्धि या व्यावहारिक जीवन से सम्बन्धित है।

वैदिक संहिता से लेकर ब्राह्मणग्रन्थ, आरण्यक, उपनिषद् तथा स्मृतियों में उपलब्ध योग तत्वों का सामंजस्य पंतजलि के योगसूत्रों से है। अतः पंतजलि वैदिक योग परम्परा के उच्चकोटि के ऋषि थे।[19] इस प्रकार यह वैदिक योग परम्परा अक्षुण्ण रूप से आज तक वर्तमान है। इन सब परम्परागत गुरूओं का भी गुरू वही एकमात्र परमात्मा (हिरण्यगर्भ) है जो योग विद्या का आदिप्रवक्ता है।

इसी योग की आदिम परम्परा में महादेव शिव का नाम न लेना बड़ी भारी भूल होगी। योग की परम्परा में शिव का नाम बड़ी श्रद्धा और आदरपूर्वक लिया जाता है। ऐतिहासिक दृष्टि से महादेव शिव 'शिवलोक' के लोकपाल या राजा थे। त्रिदेवों (ब्रह्मा, विष्णु, महेश) में इनका नाम अमर है। इनका निवास कैलास पर था। ये योगी होने के साथ साथ अनेक शास्त्रों के ज्ञाता भी थे तथा योगसमाधि में रमे रहने का इनका स्वभाव था। 'त्रिनेत्र' अर्थात भृकुटि के मध्य में नेत्र दृष्टि रखकर ये ध्यान करते थे। 'शिवसंहिता' शिव की ही रचना मानी जाती है। भागवत में इनका रौद्ररूप एवं योगी रूप दोनों ही देखे जा सकते हैं।[20] इनकी नगरी का वहाँ सुन्दर

वर्णन भी हुआ है। इनको शास्त्रों में परमयोगी कहा है। ये लंगोट के पक्के थे अर्थात ब्रह्मचर्यव्रतधारी थे। इन्हें भी राजर्षि के रूप में जाना जा सकता है। शिव एक मानद (कुल या वंश) की उपाधि भी थी। इनके पिता अग्निविद्या के परमज्ञाता थे। अर्जुन महाभारत युद्ध से पूर्व शास्त्रास्त्रों का विविध ज्ञान प्राप्त करने के लिए जहाँ पाताल लोक गया था वहीं वह 'पाशुपतास्त्र' प्राप्ति हेतु 'शिवलोक' भी गया था। 'शिव योग' या 'पाशुपत योग' का आविर्भाव शिव से ही माना जाता है। हठयोगी परम्परा में शिव को ही उसका प्रवक्ता मानते हैं।

आगे रामायण काल में रामायण के अधिनायक 'राम' भी वेदादि शास्त्रों के परमज्ञाता और योग विद्या के परमपारखी थे। उनका समस्त जीवन ही योगमय था। स्थितप्रज्ञ के वे एक अप्रतिम उदाहरण थे। सुख दुख में समान भाव रखते थे। उनकी मन, वाणी और कर्म में योग बसा था।[21] सरयू के जल में उन्होंने जो जल समाधि ली, वह योग समाधि ही थी। रघुवंशी राजाओं के लिए महाकवि कालिदास लिखते हैं 'जो बालकपन में पढ़ते थे, तरूणाई में सँसार के भोगों का आनन्द लेते थे, बुढ़ापे में मुनियों के समान (जंगलों में रहकर) तपस्या करते थे और अन्त में योग के द्वारा (ब्रह्म का ध्यान करते हुए) अपना शरीर छोड़ते थे।[22]

इस समय के जितने ऋषि मुनि आदि थे, वे सब योगधर्म का, ऋषि धर्म का पालन करते थे। इस काल के अधिकतम राजा इस विद्या को अपने जीवन में बसाए हुए थे। विदेह राजा जनक जैसे राजर्षि का उदाहरण ढूँढे से नहीं मिलता। योगेश्वर कृष्ण जी गीता में इनका नामोल्लेख कर इन्हें अमर कर गए।[23] ऐसे ही इस समय के जितने वीर योद्धा थे, यहाँ तक कि लंकाधिपति रावण उनके भाई विभीषण आदि सभी योगसाधना के विज्ञ थे। हनुमान, अंगद, नल, नील, जामवन्त भी योग के अप्रतिम उदाहरण हैं। हनुमान अपने योगबल से विशाल समुद्र को पार कर गए। अंगद जैसा वीर योग बल से ही अपना पैर जमाकर रावण को नतमस्तक कर सके, तो योग की यह परम्परा त्रैतायुग में भी अक्षुण्ण रही।

योग की राजर्षि परम्परा

महाभारत काल जो द्वापर युग का काल कहा जा सकता है। इस काल में तो योग योगेश्वर कृष्ण जी योगप्रवर्तक के रूप में युगपुरूष बनकर उभरे। जिनके दिव्य जन्म और कर्म की कथाओं से भारतीय साहित्य का भण्डार भरा पड़ा है। योगेश्वर कृष्ण योग की उस परम्परा के प्रवर्तक थे जो योग विद्या राजन्य वर्ग की विद्या है, जिससे वे राजा प्रजाजनों पर शासन कर सके और उन्हें कामरूपी भवबन्धन से बचा सके। शासनाध्यक्षों को चाहिए कि वे शिक्षा, संस्कृति तथाभक्ति द्वारा नागरिकों को यह पाठ पढ़ाएँ क्योंकि कृष्ण जी स्वयं कहते हैं कि 'श्रेष्ठ (पुरूष) जैसा आचरण करता है अन्य (साधारण जन) भी वैसा ही करते हैं, वह (श्रेष्ठ पुरूष) जिसे प्रमाण मानता है, संसार उसी का अनुकरण करता है,[24] इसीलिए कृष्ण जी स्वयं कहते हैं कि 'यदि मैं आलस्य रहित होकर कभी कर्मानुष्ठान करूँ तो हे अर्जुन मनुष्य सब प्रकार से मेरे ही पथ का अनुसरण करेंगे इसलिए विद्वान (ज्ञानी पुरूष) को चाहिए कि कर्म करने में आसक्त अज्ञानी (पुरूषों) की बुद्धि में भेद उत्पन्न न करे (किन्तु स्वयं) योग युक्त होकर कर्म करता हुआ उन्हें सब कर्मों में लगावे।[25]

इसीलिए गीता के चतुर्थ अध्याय में योगेश्वर भगवान श्री कृष्ण जी ने जिस योग परम्परा का उल्लेख किया है और जिसकी वह शिक्षा दे रहे हैं, वह अव्यय योग है।[26] यह भी बताते हैं कि हम ही इस योग के आदिविधायक हैं और इस योग की शिक्षा हमने विवस्वान् (सूर्य) को दी थी, विवस्वान् ने अपने पुत्र वैवस्वत मनु से कही और मनु ने अपने पुत्र राजा इक्ष्वाकु से कही। इस प्रकार परम्परा से प्राप्त यह योग राजर्षियों ने जाना परन्तु समय बीत जाने के कारण वह योग इस समय मनुष्य लोक में लुप्तप्रायः हो गया, इसलिए हे अर्जुन ! क्योंकि तुम मेरे भक्त एवं प्रिय सखा हो, वही पुरातन योग आज मैंने तुझसे कहा है, क्योंकि यह बड़ा उत्तम रहस्य है।[27]

महाभारत में भी यह तथ्य इस प्रकार प्रकट है 'त्रेतायुग के आदि में विवस्वान् ने परमेश्वर सम्बन्धी इस विज्ञान का उपदेश मनु को दिया और मनुष्यों के जनक मनु ने इसे अपने पुत्र इक्ष्वाकु को दिया। इक्ष्वाकु इस पृथ्वी के शासक थे और उस रघुकुल के पूर्वज थे जिसमें भगवान श्री राम ने जन्म लिया।[28] इससे प्रमाणित होता है कि मानव समाज में महाराज इक्ष्वाकु के काल से ही भगवद्गीता विद्यमान थी ।

यहाँ योग की इस पुरातन परम्परा के प्रवक्ता भवगान कृष्ण जी हैं। वे गीता में भगवान (हिरण्यगर्भ) के प्रतिनिधि के रूप में ही दृष्टिगत होते हैं। इस प्रकार हमें यह मानकर चलनाहोगा कि योग की प्राचीन (पुरातन) परम्परा के आदि विधायक भवगान ही हैं किन्तु उन्होंने जिस योग की शिक्षा दी, जो परम्परा डाली वह कुछ काल तक तो चली, पश्चात वह लुप्तप्रायः हो गई। भगवान ने जिस योग की शिक्षा दी थी, वह केवल योग था। वह 'अव्यय योग' था। वह कोई ऐसा योग नहीं था, जो अनेक विशेषणों से युक्त हो। उस योग का लुप्तप्राय हो जाना या टुकड़े टुकड़े हो जाना स्वाभाविक भी था क्योंकि कालक्रमानुसार गुरू शिष्य परम्परा में जिस गुरू ने कर्म पर बल दिया तो कर्मयोग हो गया, ज्ञान पर बल दिया तो ज्ञानयोग हो गया। कर्म सन्यास योग बन गया, मन्त्रयोग बन गया, हठयोग बन गया तो इस प्रकार वह परम्परा से चला आ रहा 'अव्यय योग' बिखर कर अनेक एकदेशीय योगों में बँट गया। इस प्रकार उस योग का मूलस्वरूप नष्ट हो गया।

इसी बात को डॉ. श्रीमती राजकुमारी पाण्डेय अपने शोधग्रन्थ में लिखती हैं कि 'सृष्टि के आदिकाल में भगवान हिरण्यगर्भ सनकादिक एवं विवस्वान् को परमात्मसाक्षात्कार रूप एक ही सनातन योग का उपदेश दिया। अधिकार भेद के कारण सनातनयोग, ब्रह्मयोग अविा राजयोग एवं कर्मयोग इस प्रकार की दो शाखाओं के रूप में प्रचलित हुआ। पवित्रान्तः करण वाले समन, सनातन, सनन्दन, कपिल, आसुरि वोट्ढु, पंचशिख प्रभृति विद्वान सर्वकर्मसंन्यासरूप ब्रह्मयोग अथवा ज्ञानयोग के अनुयायी हुए।

इसकी पुष्टि महाभारत में की गई है। वही ब्रह्मयोग कालान्तर में सांख्य योग, ज्ञानयोग, अध्यात्मयोग नामों से प्रसिद्ध हुआ। हिरण्यगर्भ प्रवर्तित योग की दूसरी शाखा कर्मयोग की परम्परा में किंचित व्युत्थित चित्त से मुक्त, संसार के कार्यों को करते हुए परमात्मसाधन करने वाले विवस्वान्, मनु, इक्ष्वाकु व अन्य राजर्षि हुए। इसी शाखा के विषय में कालान्तर में भगवान श्री कृष्ण जी ने यह स्वीकार किया है कि मेरे द्वारा उपदिष्ट यह योगविद्या नवीन नहीं है अपितु बहुत काल से चली आ रही सनातन विद्या है।[29]

उपर्युक्त विवरण के आधार पर स्पष्ट है कि योगेश्वर कृष्ण जी ने उस बिखरे हुए सनातन 'अव्यययोग' को उसी योग में समन्वित कर गीता में अर्जुन को उपदिष्ट किया है। यह योग कर्म, ज्ञान व भक्ति का समन्वित रूप है। यह उत्तम है, गुह्यतम है, क्योंकि इस योग में कर्म भी प्रभु आश्रय, ज्ञान भी प्रभु आश्रय और भक्ति तो प्रभु आश्रय है ही और जब इन सबमें केवल उसकी ही सत्ता को साधक देखता है[30] तो वह अन्य न होकर अनन्य हो जाता है। वस्तुतः जिस योग में परमात्मा का साया नहीं, उसकी छाया नहीं, वह विनाशी है, जिस पर उसकी छाया है, वह अविनाशी है, अमर है।[31]

इसीलिए योगेश्वर श्री कृष्ण जी ने गीता में इस योग की प्रशंसा में कहा कि 'यह ज्ञान सब विद्याओं का राजा है, जो समस्त रहस्यों में सर्वाधिक गोपनीय है। यह परम शुद्ध है और चूँकि यह आत्मा की प्रत्यक्ष अनुभूति कराने वाला है, अतः यह धर्म का सिद्धान्त है, यह अविनाशी है और अत्यन्त सुखपूर्वक सम्पन्न किया जाता है।[32]

गीता की इसी योग (ज्ञान) परम्परा के ध्वजवाहक के रूप में (श्रीमद्भगवद्गीता यथारूप में) गुरू परम्परा के विषय में निम्न नामावली दृष्टय है एवं परम्परा प्राप्तम इमं राजर्षयो विदुः (गीता 4.2) यह भगवद्गीता यथारूप इस पुरूपरम्परा द्वारा प्राप्त हुई ।[33]

1. श्री कृष्ण जी
2. ब्रह्मा
3. नारद
4. व्यास

5. मध्व
6. पद्मनाथ
7. नृहरि
8. माधव
9. अक्षोभ्य
10. जयतीर्थ
11. ज्ञानसिन्धु
12. दयानिधि
13. विद्यानिधि
14. राजेन्द्र
15. जयधर्म
16. पुरूशोत्तम
17. ब्रह्मण्यतीर्थ
18. व्यास तीर्थ
19. लक्ष्मीपति
20. मधिवेन्द्रपुरी
21. ईश्वरपुरी (नित्यानन्द अद्वैत)
22. श्री चैतन्य महाप्रभु
23. रूप (स्वरूप सनातन)
24. रघुनाथ (जीव)
25. कृष्णदास
26. नरोत्तम
27. विश्वनाथ
28. (बलदेव) जगन्नाथ
29. भक्तिविनोद
30. गौरकिशोर
31. भक्तिसिद्धान्त सरस्वती
32. ए.सी. भक्तिवेदान्तस्वामीप्रभुपाद

योग की भागवत परम्परा

महामहोपाध्याय आचार्य बलदेव जी उपाध्याय का मानना है कि योग की आदिम रूपरेखा हमें वैदिक संहिताओं में मिलती है, उपनिषदों में आकर योग की यह रूप रेखा अत्यन्त सुव्यक्त रूप धारण कर धीरे धीरे परिपूर्णावस्था को प्राप्त करती हुई लक्षित होती है। महाभारत, पुराण, तन्त्र तथा धर्मशास्त्र में योग की यह धारा अविच्छिन्न रूप से बहती हुई कालान्तर में महर्षि पंतजलि के योगदर्शन के रूप में हमारे सामने आती है । यह धारा यहीं नहीं रूकती बल्कि पंतजलि के भाष्कार वृत्तिकार तथा वार्तिककार – व्यास, वाचस्पति, भोज, विज्ञानभिक्षु तथा नागेश आदि माननीय ग्रन्थकारों की

रचनाओं आदि से पुष्ट होती हुई आज भी हमारी श्रद्धा और भक्ति का भजन, उसी प्रकार बनी हुई है, जिस प्रकार पुण्यसलिला भगवती भागीरथी की विमलधारा योगशास्त्र के उद्‌गम और विकास के इस सांकेतिक वर्णन से श्रीमद्भागवत वर्णित योग का स्थान पाठकों को स्पष्ट प्रतीत होने लगेगा। भागवत का योग पौराणिक योग का एक अंश मात्र है तथा योगशास्त्र के इतिहास की दृष्टि से उदसका स्थान औपनिषदिक योग तथा पांतजल योग के मध्य के काल में आता है।[34]

2. योगशास्त्र में पतंजलि का स्थान

योगशास्त्र के दैदीप्यमान नक्षत्र स्वरूप महर्षि पतंजलि एक महान और प्रतिभाशाली व्यक्तित्व से मण्डित हैं किन्तु इनके जन्म स्थान, माता पिता, शिक्षा दीक्षा आदि विषयक तथ्य विवादित हैं। योगसूत्र पर व्यास भाष्य के आधार पर पतंजलि का जन्म महर्षि व्यास के जन्म (आज से लगभग 5,200 वर्ष) से पूर्व मानना पड़ा परन्तु महाभाष्य में पुष्यमित्र के आधार पर महान सम्राट के अन्तिम वंशज बृहद्रथ के मंत्री अग्निमित्र के पुत्र पुष्यमित्र का समय ईसा पूर्व 150 – 160 के लगभग माना जाता है। अतः कुछ विद्वानों के मत में महाभाष्कार पतंजलि का कार्यकाल 150 से 200) वर्ष ईसा पूर्व तक माना जाता है ।

एक जनश्रुति के अनुसार कोई ब्राह्मण पाणिनी कृत अष्टाध्यायी पर भाष्य लिखना चाहता था किन्तु पर्याप्त समय तक प्रयास करने पर स्वयं को असमर्थ पाकर भगवान शिव की उपासना आरम्भ कर दी। एक दिन ब्राह्मण सूर्य को अर्ध्य देने के लिए अपनी अंजलि में जल भर रहे थे, उसी समय उनकी अंजलि में एक सर्प का बच्चा गिरा, ब्राह्मण ने उसे फेंकना चाहा तो उसने कहा आप मुझे जंगल में असहाय न छोड़िए, यदि मेरी सहायता करोगे तो मैं भी आपकी साधना पूर्ति में सहायक बनूँगा। वह सर्प सहस्त्रफनधारी भगवान शेषनाग का अवतार था तथा उन्होंने ब्राह्मण पर उपकार हेतु दिन में 84 आह्निक वाले व्याकरण महाभाष्य की रचना की तथा

ब्राह्मण की प्रार्थना पर गुरूकुल के शिष्यों को महाभाष्य का उपदेश भी दिया।

किन्तु भारतीय परम्परा तथा योगसूत्रों की भाषा आदि की दृष्टि से पातंजल योगसूत्र लगभग 8–10 हजार वर्ष ईसा पूर्व की रचना है। सम्पूर्णानन्द, बाल गंगाधर तिलक आदि के अनुसार वैदिक संहिताओं की रचना 25 – 30 हजार वर्ष ईसा पूर्व हुई है तथा योगसूत्र की रचना भी 8 – 10 हजार ईसा पूर्व होना चाहिए। चरक संहिता का रचनाकाल 4 – 5 हजार वर्ष ईसा पूर्व तथा व्याकरण महाभाष्य की रचना 2 हजार से 22 सौ ईसा पूर्व होनी चाहिए। पुष्यमित्र का शासनकाल भी यही मानना युक्तिसंगत है। इस प्रकार योगसूत्र, चरक संहिता और व्याकरण महाभाष्य के रचयिता एक व्यक्ति नहीं, अपितु तीन पृथक–पृथक व्यक्ति थे। प्राचीन भारतीय परम्परा में लेखक या ऋषि मुनि अपना परिचय नहीं देते थे इसलिए किसी भारतीय ऋषि का काल निर्धारण नहीं है । पुनरपि कुछ प्रमाणों के आधार पर उनके काल का अनुमान किया जा सकता है । एक मान्यता के अनुसार व्याकरण महाभाष्य, चरक सहिता तथा योगदर्शन के प्रणेता एक ही ऋषि पतंजलि हैं तथा इसके पक्ष में निम्न श्लोक दिया जाता है –

योगेन चित्तस्य पदेन वाचां मलं शरीरस्य तु वैद्यकेन

योऽपाकरोत्तं प्रवरं मुनीनां पतंजलिं प्रांजलिरानतोऽस्मि।

अर्थात् जिस पतंजलि ने योगशास्त्र से चित्त के, महाभाष्य के द्वारा वाणी के तथा आयुर्वेद शास्त्र के ग्रन्थ चस्क के माध्यम से शरीर के मलों को दूर किया। ऐसे मुनि श्रेष्ठ पतंजलि को मैं नमन करता हुँ। इस पक्ष में यह भी कहा जाता है कि व्याकरण महाभाष्य का प्रथम सूत्र 'अथ शब्दानुशासनम्' है तथा योग दर्शन का प्रथम सूत्र भी 'अथ योगानुशासनम्' है। दोनों सूत्रों की एकरूपता देखकर इनके रचयिता एक ही प्रतीत होते हैं।

परन्तु यह एकरूपता तथा यह ष्लोक तथा इसके रचयिता पतंजलि नाम से भ्रान्ति उत्पन्न होती है क्योंकि योगदर्शन की अपेक्षा महाभाष्य तथा

चरक संहिता बहुत परवर्ती है। महाभाष्य पाणिनी अष्टाध्यायी के सूत्रों पर लिखा गया ग्रन्थ है और अष्टाध्यायी में 'पाराशर्यशिललिभ्यां। भिक्षुनट सूत्रयोः' (अ. 4 / 3 / 110) महर्षि पराशर के पुत्र वेद व्यास के वेदान्त सूत्रों के पढ़ने का निर्देश कैसे सम्भव है ? जबकि महर्षि व्यास का समय पाणिनी से पूर्व था और योगसूत्रकार उससे भी पूर्ववर्ती है ।

योगसूत्रों पर महर्षि बादरायण व्यास का भाष्य मिलता है और बादरायण व्यास ने महाभारत की रचना की है इसलिए योगसूत्र के रचयिता महाभारत से पूर्ववती है ।

व्याकरण महाभाष्कार पतंजलि का काल राजा पुष्यमित्र का काल सिद्ध होता है, क्योंकि महाभाष्य में 'पुष्यमित्रो यजते, इह पुष्यमित्रं याजवामः (अ.3/1/26 तथा 3/2/23) उदाहरण मिलते हैं। जिससे महाभाष्कार की समकालीनता सिद्ध होती है। शुंगवंशीय पुष्यमित्र मौर्यवंश से परवर्ती है, जिसका काल विक्रम सम्वत् से लगभग 1200 वर्ष पहले है।

चरक संहिता कामूल नाम आत्रेय संहिता है। आत्रेय तक्षशिला में रहते थे। आत्रेय ने अग्निवेश को चरक का उपदेश दिया था पतंजलि का उल्लेख चरक संहिता में कहीं नहीं है इसलिए चरक संहिता की रचना भी परवर्ती सिद्ध होती है।

महर्षि वेद व्यास ने वेदान्त सूत्रों तथा महाभारत की रचना की है और योग सूत्रों पर भाश्य भी किया है ।इससे स्पष्ट है कि योग दर्शन की रचना व्यास से पूर्ववत है और व्याकरण महाभाष्य तथा चरक संहिता की रचना लगभग 2,000 वर्श पश्चात् हुई। अतः इनके रचयिता पतंजलि योग दर्शनकार से भिन्न है ।

कतिपय लोग योग भाष्कार महर्षि व्यास को महाभारतकार वेद व्यास से भिन्न मानने का तर्क देते हैं । उनका मत है कि योग दर्शन 3/14–15 तथा 4/14–21 सूत्रों के व्यास भाष्य में विज्ञानवादी बौद्ध मत का खण्डन किया गया। अतः व्यास भाष्य बौद्ध मत से परवर्ती सिद्ध होता है परन्तु यह

युक्ति उचित नहीं है क्योंकि व्यास भाष्य में विज्ञानवाद को पूर्व रूप में रखकर उसका खण्डन किया गया है, वहाँ कहीं भी बौद्धों का नाम निर्देश नहीं मिलता। बौद्धों की मान्यता की समानता को लेकर काल निर्धारण करना उचित नहीं है।

वेदान्त दर्शन व्यास प्रणीत है, उसमें वादरि का उल्लेख है, जो व्यास के पिता थे और साथ ही जैमिनी का नाम भी आता है, जो व्यास के शिष्य थे। वेदान्त दर्शन 1/3/ 29 में वेदों की नित्यता को स्वीकार किया गया है और योगदर्शन भाष्य 1/27 में भी वेदों की नित्यता मानी है। अतः स्पष्ट है कि वेदान्त सूत्र के प्रणेता और योग भाष्यकर्त्ता वेदव्यास एक ही है। वेदान्त सूत्रों में भी सांख्य तथा योग का उल्लेख मिलता है। अतः योगसूत्रकार वेदान्त दर्शन से पूर्ववती है ।

योगसूत्रकार के लिए हिरण्यगर्भ का नाम आता है। 'हिरण्यगर्भो योगस्वक्ता नान्यः पुरातनः।' (महाभारत शान्ति पर्व 249/65)। इस प्रयोग से भी योगसूत्रकार पतंजलि व्याकरण महाभाष्यकार तथा चरक संहिता के प्रणेता पतंजलि से बहुत पूर्व तथा भिन्न है।

योगसूत्रकार महर्षि पतंजलि विलक्षण प्रतिभा सम्पन्न सिद्धयोगी तथा योग के साधन सम्बन्धी गूढ़ रहस्यों तथा दार्शनिक सूक्ष्म तत्वों के पूर्णतया ज्ञाता थे।

3. पातंजल योग सूत्र – एक संक्षिप्त परिचय

भारतीय दर्शन परम्परा अति प्राचीन परम्परा मानी जाती है। यह सर्वसम्मत मान्यता है कि भारतीय दर्शन परम्परा वेदों से प्रारम्भ हुई है। वैदिक परम्परा के पश्चात् उपनिषद्, ब्राह्मण ग्रन्थ और षट्दर्शन परम्परा को आस्तिक एवं आर्ष परम्परा माना जाता है। महाभारत के पश्चात वैदिक दर्शन की सतत धारा विलुप्त होनी प्रारम्भ हो गई थी। इसका कारण यह माना जा सकता है कि महाभारत एक महायुद्ध था, उसमें विनाशकारी ताण्डव नृत्य हुआ होगा। लाखों व्यक्ति मारे गये होंगे। उसके पश्चात आर्य

दार्शनिक मान्यताओं में विकास आना प्रारम्भ हुआ होगा क्योंकि धर्म के स्थान पर धर्म को विकृत तथा वैदिक मर्यादाओं के विरूद्ध वाम मार्ग की मान्यताओं को स्वीकार किया जाने लगा।

भारतीय दर्शन परम्परा को दो भागों में विभक्त किया गया है – (1) आस्तिक दर्शन, (2) नास्तिक दर्शन। आस्तिक व नास्तिक का भेद आधार वेदों को माना गया है। जो दर्शन वेदों को प्रमाण रूप में स्वीकार करते हैं, उनको आस्तिक दर्शन की श्रेणी में रखा गया है, जो दर्शन वेदों को प्रमाण रूप में स्वीकार नहीं करते, उन्हें नास्तिक दर्शन कहा गया है। कहा भी गया है कि 'नास्तिकों वेद निन्दकः' अर्थात जो वेदों की निन्दा करते हैं, वो नास्तिक दर्शन कहे जाते हैं ।

दर्शन शब्द की उत्पत्ति 'दृ' शब्द से हुई है, जिसका अर्थ है – दृश्यते अनेन इति दर्शनम्' अर्थात देख्शना। भारतीय दर्शन शास्त्र में जिन छः दर्शनों को आस्तिक दर्शन माना गया, उनको षट्दर्शन के नाम से जाना जाता है, जो इस प्रकार हैं – (1) न्याय दर्शन, (2) वैशेषिक दर्शन, (3) सांख्य दर्शन, (4) योगदर्शन, (5) मीमांसा दर्शन तथा (6) वेदान्त दर्शन।

न्यायदर्शन के रचयिता का गोत्र नाम गौतम है तथा व्यक्तिगत नाम अक्षपाद है। विभिन्न प्रमाणों की सहायता से वस्तु तत्व की परीक्षा न्याय है। न्याय सूत्र में पाँच अध्याय हैं तथा प्रत्येक अध्याय दो आह्निकों में विभाजित है। इनमें शोडश पदार्थों के उद्देश्य तथा लक्षा परीक्षण किये गये हैं। प्रमाण, प्रमेय, संशय, प्रयोजन, दृष्टान्त, सिद्धान्त, अवयव, तर्क, निर्णय, वाद, जल्प, वितण्डा, हेत्वाभास, छल, जाति तथा निग्रहस्थान, इन सभी के तत्वज्ञान से मोक्ष की प्राप्ति होती है।[35] इनमें से प्रमेय के तत्वज्ञान द्वारा मोक्ष की प्राप्ति होती है और प्रमाण आदि पदार्थ उस तत्व ज्ञान के साधन हैं। अतः न्यायदर्शन व्यक्ति को मुक्ति मार्गे की तरफ ले जाने का सरल साधन है।

वैशेषिक दर्शन का नाम वैशेषिक, कणाद और औलूक्य है । कणाद और उनके पिता उलूक ऋषि के नाम पर इसे कणाद और औलूक्य कहते हैं। कणाद का कहीं कहीं काश्यप अर्थात कश्यप मुनि का पुत्र अथवा

कश्यप गोत्रवाला नाम भी मिलता है। विशेष नामक पदार्थ की विशिष्ट कल्पना करने के कारण इसको वैशेषिक संज्ञा प्राप्त हुई है । वैशेषिक सूत्र में 372 सूत्रों का वर्णन मिता है, जो कि दस अध्यायों में विभक्त किये गये है। प्रत्येक अध्याय में दो आह्निक हैं। पदार्थों के भेदों का बोधक ही वैशेषिक है। जो प्रतीति से सिद्ध हो सके उसे पदार्थ कहते हैं। वैशेषिक दर्शन को वास्तविकता की खोज तथा मोक्ष प्राप्ति का साधन बताया गया है ।

सांख्य दर्शन कपिल मुनि द्वारा रचित है, जिसमें उन्होंने प्रकृति तथा पुरूष को मिलाकर 25 तत्वों की उत्पत्ति बताई है। 25 तत्व इस प्रकार हैं– जड़ तत्व (प्रकृति), चेतन तत्व (पुरूष) से महत् या बुद्धि (प्रकृति का प्रथम विकार) तत्व की उत्पत्ति होती है। फिर इससे अहंकार (प्रकृति का द्वितीय विकार) की उत्पत्ति होती है। अहंकार से पंचज्ञानेन्द्रियाँ (श्रोत्, त्वक्, घ्राण, रसना एवं चक्षु), पंचकर्मेन्द्रियों (वाक्, पाणि, पाद, पायु एवं उपस्थ), पंचतन्मात्राएँ (रूप, रस, गन्ध, स्पर्श एवं शब्द), पंचमहाभूत (अग्नि, जल, वायु, पृथ्वी एवं आकाश) तथा मन कुल मिलाकर सांख्य दर्शन में 25 तत्वों की उत्पत्ति का क्रम बताया है।

योगदर्शन महर्षि पतंजलि द्वारा रचित है, जिसमें ईश्वर प्राप्ति के आ साध्नों का वर्णन किया गया है, जिनको अष्टांग मार्ग के नाम से जाना जाता है। ये आठ अंग – यम, नियम, आसन, प्राणायाम, प्रत्याहार, धारणा, ध्यान एवं समाधि है। इस अष्टांग योग के सिद्ध कर लेने पर साधक को परमपिता परमात्मा का साक्षात्कार हो जाता है।

मीमांसा और वेदान्तदर्शन कर्तव्य कर्मो की शिक्षा का नाम कर्मकाण्ड, मन की वृत्तियों को सब ओर से हटाकर केवल लक्ष्य पर ठहराने की शिक्षा का नाम उपासना और वेदमन्त्रों में जहाँ जहाँ आत्मा और परमात्मा के स्वरूप का वर्णन मिलता है, उसको ज्ञानकाण्ड कहते हैं। इन तीनों काण्डों के वेदार्थ विषयक विचार को मीमांसा कहते हैं। मीमांसा शब्द 'मान ज्ञाने' से जिज्ञासा अर्थ में 'माने जिज्ञासायाम्' वार्त्तिक की सहायता से निष्पन्न होता है। मीमांसा के दोभेद होते हैं – पूर्व मीमांसा और उत्तरमीमांसा अर्थात्

मीमांसा दर्शन और वेदान्त दर्शन। पूर्वमीमांसा में कर्मकाण्ड तथा उत्तरमीमांसा में ज्ञानकाण्ड पर विचार किया गया है। उपासनाकाण्ड को मीमांसा और वेदान्त में सम्मिलित किया गया है। इस प्रकार कहा जा सकता है कि ये दोनों दर्शनएक ही ग्रन्थ के दो भाग हैं। पूर्वमीमांसा श्रीव्यासदेव जी के शिष्य जैमिनि मुनि ने प्रवृत्तिमार्ग गृहस्थियों और कर्मकाण्डियों के लिए बनायी है। उसका प्रसिद्ध नाम मीमांसादर्शन है, जिसे जैमिनीदर्शन भी कहा जाता है। इसको बारह अध्यायों में विभक्त किया गया है, जो कि मुख्यतः कर्मकाण्ड से सम्बन्ध है। वेदों के कर्मकाण्ड प्रतिपादक वाक्यों में जो विरोध प्रतीत होता है, उसके अविरोध को स्पष्ट करने के लिए पूर्वमीमांसा और वेद के ज्ञानकाण्ड में समन्वयसाधन और अविरोध की स्थापना के लिए उत्तरमीमांसा की रचना की गई है। मीमांसा दर्शन के अनुसार धर्म की व्याख्या वेदविहित, शिष्टों से आचरण किये हुए कर्मों में अपना जीवन ढालना है तथा वेदान्त दर्शन का मुख्य उद्देश्य ब्रह्म तथा आत्मा का निरूपण करना है ।

4. योगदर्शन का संक्षिप्त परिचय

षडदर्शनों में योगदर्शन एक महत्वपूर्ण दर्शन माना जाता है। याज्ञवलक्य स्मृति के अनुसार योगशास्त्र के आद्यवक्ता हिरण्यगर्भ है। इससे सिद्ध होता है कि पतंजलि योग के प्रवर्तक न होकर अनुसंधानकर्ता, प्रचारक संशोधक है। इस दर्शन को आधुनिक समय में पातंजल योगसूत्र के नाम से जाना जाता है। इस दर्शन के अनुसार कैवल्य प्राप्ति के आठ साधन बताये गये हैं जिनको अष्टांग मार्ग के नाम से भी जाना जाता है। महर्षि पतंजलि ने इस ग्रन्थ को मनुष्य की सरलता के लिए चार पादों में विभक्त कया है, जो इस प्रकार है –

(1) समाधि पाद – 51 सूत्र

(2) साधन पाद – 55 सूत्र

(3) विभूति पाद – 55 सूत्र

(4) कैवल्य पाद – 34 सूत्र

(1) समाधि पाद

जिस प्रकार एक निपुण क्षेत्रज्ञ सबसे पहले सबसे अधिक उपजाऊ भूमि को तैयार करके उसमें श्रेष्ठतम बीज का आधान करता है, उसी प्रकार महर्षि पतंजलि ने समाहित चित्त वाले सबसे उत्तम अध्किारियों के लिए सबसे पहले समाधिपाद को प्रारम्भ करके उसमें विस्तारपूर्वक योग के स्वयप का वर्णन तथा साथ ही चित्तवृत्ति, योग के उपाय, अभ्यास वैराग्य, सम्प्रज्ञात समाधि, असम्प्रज्ञात समाधि, समाधि, सिद्धि की आसन्नता, ईश्वर प्रणिधान, ईश्वर निरूपण, योग के अन्तराय, चित्त के परिकमं, चतुर्विधसमापत्ति वर्णन, ऋतम्भरा प्रज्ञा आदि का भी विस्तारपूर्वक वर्णन किया गया है।

गहनता से अध्ययन किया जाये तो सम्पूर्ण समाधि पाद एक प्रकार से तीन सूत्रों की ही व्याख्या है।

प्रथम सूत्र में कहा गया है कि चित्त की वृत्तियों का निरोध ही योग है।[36] चित्त की जिन वृत्तियों का निरोध योग नाम से किया जाता है, वे वृत्तियाँ पाँच प्रकार की है – प्रमाण, विपर्यय, विकल्प, निद्रा एवं स्मृति। यद्यपि चित्त की वृत्तियाँ असंख्य हैं, किन्तु सबका समावेश इन पाँच ही वृत्तियों में हो जाता है ।

द्वितीय सूत्र में कहा गया है कि वृत्तियों के निरोध होने पर द्रष्टा की स्वरूप में अवस्थिति होती है।[37] इस कथन से यह नहीं समझना चाहिए कि निरोधकाल में पुरूष का स्वरूप में अवस्थान होता है। स्वरूप में अवस्थित तो वह पहले भी था, किन्तु वह अवस्थान भासित नहीं होता था। निरोधकाल में वह शान्त, घोर, मुदरूप से रहित निस्त्रैगुण्य, शुद्धचित्तिशक्ति के रूप में भासता है। स्वरूपावस्थान का यही अर्थ है।

तृतीय सूत्र में पुरूष की स्वरूपावस्थिति बताई गई हैं।[38] उसके आगे चतुर्थ सूत्र में व्युत्थान काल का वर्णन करते हुए कहा गया है कि जिस

प्रकार की चित्तवृत्तियाँ बनती हैं, पुरूष भी उसी प्रकार से स्थित होता है।

चित्त, बुद्धि, मन, अन्तःकरण लगभग पर्यायवाचक समानार्थक शब्द हैं, जिनका भिन्न दर्शनकारों ने अपनी परिभाषा में प्रयोग किया है। सृष्टि के सारे कर्मों में मन की स्थिरता ही सफलता का कारण होती है। सृष्टि के सारे महान पुरूषों की अद्भुत शक्तियाँ उनके मन की एकाग्रता का ही परिणाम है। योग के अन्तर्गत मन को दो प्रकार से रोकना होता है – प्रथम मन को एक विषय में लगाकर इस प्रकार लगाये रखना कि दूसरा विचार न आये, इसको एकाग्रता या सम्प्रज्ञात समाधि कहते हैं। इसके चार भेद हैं–

(1)वितर्क – किसी स्थूल विषय में चित्त वृत्ति की एकाग्रता

(2)विचार – किसी सूक्ष्म विषय में चित्त वृत्ति की एकाग्रता

(3)आनन्द – अहंकार विषय में चित्त वृत्ति की एकाग्रता

(4)अस्मिता – अहंकार रहित अस्मिता विषय में चित्त वृत्ति की एकाग्रता इसकी सबसे ऊँची अवस्था विवेक ख्याति है, जिसमें चित्त का आत्माभ्यास छूट जाता है और उसके द्वारा स्वरूप का उससे पृथक रूप में साक्षात्कार होता है किन्तु योगदर्शन इसकी वास्तविक आत्म स्थिति नहीं बताता। ब्रह्मसूत्र तथा सांख्यसूत्र के समान योगदर्शन के भी प्रथम चार सूत्र योगदर्शन की चतुःसूत्री है, जिनमें सारा योगदर्शन सामान्य रूप से बताया गया है। शेष सभी सूत्र इन्हीं की विशेष व्याख्या रूप है ।

(2) साधन पाद

दूसरे पाद में विक्षिप्त चित्त वाले मध्यम अधिकारियों के लिए योग का साधन बतलाया गया है तथा साथ ही क्रिया योग, पंचक्लेश, अविद्या लक्षण, अस्मिता लाण, राग लक्षण, क्षेष लक्षण तथा अभिनिवेश लक्षण, कर्म फल का सिद्धान्त, दुख, हेय हेतु, ह्रान, हानोपाय, अष्टांग योग आदि का विस्तारपूर्वक वर्णन किया गया है ।

सर्वबन्धनों और दुखों के मूल कारण पाँच क्लेश हैं, जो इस प्रकार हैं– अविद्या, अस्मिता, राग, द्वेष और अभिनिनवेश – ये पंच क्लेश हैं।[39] ये पाँच प्रकार के क्लेश वस्तुतः पाँच प्रकार का मिथ्याज्ञान है।

अविद्या – अनित्य में नित्य बुद्धि, अशुद्ध में शुद्ध बुद्धि, दुख में सुख बुद्धि, अनात्म में आत्म बुद्धि समझना अविद्या है। इन अविद्या के कारण ही अन्य चारों क्लेश उत्पन्न होते हैं।

अस्मिता – इस अविद्या के कारण जड़ चित्त और चेतन पुरूष चित्त में भेद ज्ञान नहीं रहता। यह अविद्या से उत्पन्न हुआ चित्त और चिति में अविवेक अस्मिता क्लेश कहलाता है।

राग – सुख भोगने के पश्चात् अन्तःकरण में एक प्रकार की जो अभिलाषा उत्पन्न होती है, उसे राग कहते हैं।

द्वेश – इस राग से सुख में विघ्न पड़ने पर दुख के संस्कार उत्पन्न होते हैं। यही द्वेश है।

अभिनिवेश – दुख पाने के भय से भौतिक शरीर को बचाये रखने की वासना को अभिनिवेश क्लेश कहा जाता है।

योग के अनुसंधान से अशुद्धि के क्षय होने पर ज्ञान की दीप्ति विवेक ख्याति बढ़ जाती है। योग के आठ अंग इस प्रकार कहे गये हैं – यम, नियम, आसन, प्राणायाम, प्रत्याहार, धारणा, ध्यान, समाधि ये योग के आठ अंग हैं।[40]

(3) विभूति पाद

धारणा, ध्यान, समाधि ये तीनों मिलकर संयम कहे जाते हैं। ये तीनों सबीज समाधि के अन्तरंग साधन हैं, किन्तु निर्बीज समाधि के ये भी बहिरंग साधन हैं, क्योंकि उसका अन्तरंग साधन पर वेराग्य है। इस संयम के विनियोग से अनेक प्रकार की सिद्धियाँ प्राप्त हो सकती हैं, जिनका विभूति पाद में वर्णन किया गया है। ये सिद्धियाँ योग में श्रद्धा बढ़ाने तथा विक्षिप्त

चित्त वालों के चित्त को एकाग्र करने में सहायक होती है, किन्तु इसमें किसी भी प्रकार की आसक्ति नहीं होनी चाहिए।

इसी पाद में धारणा, ध्यान, समाधि, संयम का अन्तरंगत्व, त्रिविध चित्त परिणाम, संयम की सिद्धियाँ, देवताओं का निमन्त्रण आदि का विस्तारपूर्वक वर्णन किया है।

(4) कैवल्य पाद

इस पाद में कैवल्य के उपयोगी चित्त और चित्त के सम्बन्ध में जो जो संकाय हो सकती है, उनका युक्तिपूर्वक निवारण किया गया है तथा सथ ही साथ कैवल्य पाद में पंच विद्या सिद्धियाँ निर्माणचित्त, चतुर्विध कर्म, वासना, बाह्य पदार्थों की सत्ता, जीवन मुक्त की मनोवृत्ति, धर्ममेघ समाधि, परिणाम क्रम समाधि तथा कैवल्य स्वरूप अवस्था का विस्तारपूर्वक वर्णन किया गया है।

चित्त की नौ अवस्थाएँ हैं जो कि चित्त के वास्तविक स्वरूप को समझाने की दृष्टि से पर्याप्त होती है, जिनका संक्षिप्त वर्णन इस प्रकार है–

जाग्रत अवस्था – जब हमारे पाँचों कोश गतिशील क्रियाशील बने रहते हैं और जीव अविद्या के साथ तादात्म्यभाव युक्त होकर सुख के प्रयोजन से मन, इन्द्रिय तथा दैहिक चेष्टा आदि के द्वारा पंचतन्मात्राओं के विषयों को अपने से भिन्न जानकर सुख साधन के रूप में अनुभव करता है, तो इस अनुभव को सिद्ध अवस्था को ही जाग्रत अवस्था कहते हैं।

स्वप्न अवस्था – स्वप्न अवस्था में सत्वगुण गौणेतर रूप से दबा रहता है।

सुषुप्ति अवस्था – सुषुप्ति अवस्था में सत्वगुण गौणतम रूप से दब जाता है।

प्रलयावस्था – प्रलय में चित्त की अवस्था सुषुप्ति जैसी होती है।

समाधि प्रारम्भ अवस्था – समाधि प्रारम्भ अवस्था में तमोगुण गौण रूप से रहता है।

सम्प्रज्ञात समाधि – सम्प्रज्ञात समाधि में तमोगुण गौणतर रूप से दबा रहता है।

विवेक ख्याति अवस्था – विवेक ख्याति अवस्था में तमोगुण गौणतम् रूप से माम मात्रा रहता है ।

असम्प्रज्ञात समाधि – सत्व चित्त में बाहर से तीनों गुणों का परिणाम होना बन्द हो जाता है ।

प्रतिप्रसव अवस्था – चित्त में निरोध परिणाम अर्थात संस्कार शेष भी निवृत्त हो जाते हैं। अतः कैवल्य के विषय में कहा गया है कि पुरूषार्थ से शून्य हुए गुणों का अपने कारण में लीन हो जाना कैवल्य है, अथवा चित्ति शक्ति की स्वरूपावस्थिति कैवल्य है।[41]

– – – – – – – – –

1. हिरण्यगर्भः समवर्तताग्रे भूतस्यजातः पतिरेक आसीत् (ऋग्वेद 12. 121, यजुर्वेद 13.4)
2. हिरण्यगर्भो योगस्य वक्ता नान्यः पुरातनः (याज्ञवल्क्यस्मृति 12.5
3. साख्यस्य वक्ता कपिलः परमर्षिः स उच्यते। हिरण्यगर्भो योगस्य वक्ता नान्यः पुरातनः। (महा. 12.394.65)
4. हिरण्यगर्भो द्युतिमान् य एष छन्दसि स्तुतः। योगै सम्पूज्यते नित्यं स च लोके विभूः स्मृतः (महाभारत 12.342.96)
5. हिरण्यगर्भो भगवान् एष बुद्धिरिति स्मृतः। महानिति च योगेषु विरचिंरिति चाप्यजः।
6. हिरण्यगर्भो जगदन्तरात्मा – अद्भुत रामायण 5.6
7. इदं हि योगेश्वर योगनैपुणं हिरण्यगर्भो भगवांजगादृष्यत्। यदन्तकाले

त्वयि निर्गुणे मनो भक्त्या दधीतोज्झितदुष्कलेवरः (भागवत 5.19. 13)

8. विद्वांसो वै देवाः (शतपथब्राह्मण 11)
9. देवो दानाद्वा दीपनाद्वा द्योतानाद्वा. द्युस्थानो भवतीति वा (निरूकृत देवतकाण्ड)
10. सत्यार्थप्रकाश सप्तम समु. पृ. 192 (अजमेर प्रकाशन संख्या 2028)
11. पा. यो. द. 3.1, 2, 3, 4
12. तज्जयात्प्रज्ञालोकः (पा. यो. द. 3.5)
13. निर्विचारवैशारद्योऽध्यात्मप्रसादः (पा. यो. द. 1.40)
14. ऋतम्भरा तत्र प्रज्ञा (पा. यो. द. 1.48)
15. मुण्डझकोपनिषद!
16. काठक 2.6.18
17. श्वेताश्वतर 2.8
18. 4.1.7 – 11
19. वेदों में योग विद्या – पृष्ठ 38 (डॉ. योगेन्द्र पुरूषार्थी)
20. श्रीमद्भागवत पुराण 4.6.35–39 श्लोक तथा 4.5.1–6
21. न वनं गन्तुकामस्य त्यजतश्च वसुंधराम्। सर्वलोकातिगस्येव लक्ष्यते चित्तविक्रिया (वा. रा. अयो. 19.33)
22. शैशवेऽभ्यस्तविद्यानां यौवने विषयैषिणाम्। वार्द्धक्ये मुनिवृत्तीनां योगेनान्ते तनुत्यजाम् (रघुवंश 1.8)
23. कर्मणैव हि संसिद्धिमास्थिता जनकादयः (गीता 3.2)0
24. यद्यदाचरति श्रेष्ठस्तत्तदेवेतरो जनः। स यत्प्रमाणं कुरूते लोकस्तदनुवर्तते। (गीता 3.21)

25. (क) यदि ह्यहं न वर्तेयं जातु कर्मण्यतन्द्रितः। मम वत्मनिुवर्तन्ते मनुष्याः पार्थ सर्वशः (गीता 3.23)

(ख) न बुद्धिभेदं जनयेदज्ञानां कर्मसगिनाम्। जोषयेत्सर्व कर्माणि विद्वान्युक्तः समाचरन् (गीता 3.26)

26. इमं योगमव्ययम् (गीता 4.1)

27. (क) इमं विवस्वते योगं प्रोक्तवानहमव्ययम्। विवस्वान्मनवे प्राह मनुरिक्ष्वाकवेऽब्रवीत् (गीता 4.1)

(ख) एवं परम्पराप्राप्तमिमं राजर्षयो विदुः। स कालेनेह महता योगो नष्टः परन्तपः (गीता 4.2)

(ग) स एवायं मया तेऽद्य योगः प्रोकः पुरातनः। भक्तोऽसि मे सखा चेति रहस्यं ह्येतदुत्तमम् (गीता 4.3)

28. त्रैतायुगादौ च ततो विवस्वान्मनवे ददौ। मनुश्च लोकभृत्यर्थं सुतायेक्ष्वाकवे ददौ। इक्ष्वाकुणा च कथितो व्याप्य लोकानवस्थिताः। (महाभारत शा. पर्व. 348.51 – 52)

29. राजयोग एवं कर्मयोग रूप योग की दो शाखाओं का वर्णन गरूड़पुराण में इस प्रकार है – 'आरूरूक्षर्यतीनां व कर्मज्ञानं उदाहते। आरूढ़योगवृक्षाणां ज्ञानत्यागौ परौ मतौ। (गरूड़ पुराण 1.127.4 इसी द्विविध निष्ठा का गीता में भी वर्णन है – 'लोकेऽस्मिन्द्विध ा निष्ठा, पुराप्रोक्ता मयानघ ज्ञानयोगेन सांख्यानां कर्मयोगेन योगिनाम् (गीता 3.3) इसी की पुष्टि महाभारत में की गई है – सनः सनत्सुजातश्च सनकः सन्दनः। सनत्कुमारेः कपिलः सप्तमश्च सनातनः। सप्तैते मानसाः प्रोक्ताः ऋषयो ब्रह्मणः सुताः। स्वयमागतविज्ञानां निवृत्तिं धर्ममाश्रिताः। एते योगविदौ मुख्याः सांख्यज्ञानविशारदाः। आचार्या धर्मशास्त्रेषु मोक्षधर्मप्रवर्तकाः। (महाभारत 340.67–68) डॉ. राजकुमारी पाण्डेय, भारतीय योग परम्परा के

विविध आयाम पृष्ठ 8–9

30. सर्वभूतस्यमात्मानं सर्वभूतानि चात्मनि। ईक्षते योगयुक्तात्मा सर्वत्र समदर्शनः (गीता 6.29)

31. यस्यच्छायाऽमश्तं यस्य मृत्युः कस्मै देवाय हविषा विधेम (यजुर्वेद 25.13)

32. राजविद्या राजगुह्यं पवित्रमिदमुत्तमम्। प्रत्यक्षावगमं धर्म्यं सुसुखं कर्तुमव्ययम्। (गीता 9.2)

33. श्री मद्भगवद्गीता (यथारूप) पृष्ठ 28 (श्री मद् ए. सी. भक्तिवेदान्त स्वामी प्रभुपाद)

34. योगाअंक – पृष्ठ 110

35. प्रमाणप्रमेय संशय प्रयोजन दृश्टान्त सिद्धान्ता

ऽवयवतर्क निर्णयवाद जल्पवितण्डाहेत्वाभाासछल जातिनिग्रह

– स्थानानां तत्त्वज्ञानात्रिः श्रेयसाधिगमः । (न्याय. 1/1)

36. योगश्चित्तवृत्तिनिरोधः (योगसूत्र – 1/2)

37. तदा द्रष्टुः स्वरूपेऽवस्थानम् (योगसूत्र – 1/3)

38. वृत्तिसारूप्यमितस्त्र (योगसूत्र – 1/4)

39. अविद्याऽस्मितारागद्वेषाभिनिवेशाः पंचक्लेशाः। (योगदर्शन – 2/3)

40. यमनियमासन प्राणयाम प्रत्याहार धारणा ध्यान समाधयोऽटावगानि। (योगदर्शन – 2/29)

41. पुरूषार्थशून्यानां गुणानां प्रतिप्रसवः कैवल्यं स्वरूपप्रतिष्ठा वा चितिशक्तिरिति । (योगदर्शन – 4/34)

द्वितीय अध्याय
योग विज्ञान

1. योग शब्द की निष्पति और व्याख्या

व्याकरणाचार्य पाणिनि मुनि ने योग शब्द की व्युत्पत्ति 'युजिर् योगे' एवं 'युज् समाधौ' इन दो धातुओं से दी है। ये योगार्थ के लिए प्रयुक्त मानी जाती है। युजिर् योगे धातु को संयोग, मिलन अथवा जोड़ के अर्थ में प्रयुक्त किया जाता है तथा युज् धातु को समाधि के अर्थ में लिया गया है क्योंकि योग आत्म विज्ञान है, जिसका मुख्य ध्येय समाधि की सिद्धि है इसलिए युज् समाधौ धातु ही सार्थक व युक्तियुक्त है। तत्ववैशारदी में योग शब्द की व्युत्पत्ति इसी धातु से मानी गई है।[1]

संस्कृत व्याकरणानुसार 'योग' शब्द की व्युत्पत्ति निम्न प्रकार की जा सकती है। यथा (क) 'युज्यते एतद् इति योगः' इसके अनुसार कर्म कारक में योग शब्द का अर्थ चित्त की वह अवस्था है जिसमें चित्त की समस्त वृत्तियों में एकाग्रता आ जाती है। यहाँ पर योग शब्द का उद्देश्यार्थ प्रयोग हुआ है। (ख) 'युज्यते अनेन इति योगः' इस व्युत्पत्ति के अनुसार करण कारक में योग शब्द का अर्थ वह साधन है जिससे समस्त चित्तवृत्तियों में एकाग्रता लाई जाती है। यहाँ 'योग' शब्द साधनार्थ प्रयुक्त हुआ है। इसी आधार पर योग के विभिन्न साधनों को जैसे हठ, मन्त्र, भक्ति, ज्ञान, कर्म आदि को हठयोग, मन्त्रयोग, भक्तियोग, ज्ञानयोग व कर्मयोग के नाम से पुकारा जाता है। (ग) 'युज्यते तस्मिन् इति योगः' इसके अनुसार योग शब्द का अर्थ वह स्थान है जहाँ चित्त की वृत्तियों की एकाग्रता के अनुसार योग शब्द का अर्थ 'वश में करना' किया जाता है। इसी से 'इन्द्रियों को वश में करना' भी योग है ।

परिभाषाएँ एवं अर्थविचार

(1)योग की सबसे अधिक उद्धृत की जाने वाली एवं मान्य परिभाषा महर्षि पतंजलि की है। उसके अनुसार 'चित्त की समस्त वृत्तियों के निरोध से उत्पन्न अवस्था को योग कहते हैं[2] अर्थात चित्त की वृत्तियों का सर्वथा रूक जाना योग है। महर्षि ने योग की यह परिभाषा देकर अन्यत्र योग को अनेकशः परिभाषित किया है। यथा – तप, स्वाध्याय ईश्वर प्राणिधान क्रिया योग है।[3] इनसे क्लेश तनू होते हैं तथा समाधि की सिद्धि शीघ्र प्राप्त होती है।[4] धारणा ध्यान समाधि इनके एकत्रीभूत होने को संयम कहते हैं।[5] उससे बुद्धि का प्रकाश होता है अर्थात अलौकिक ज्ञानशक्ति का उदय हो जाता है।[6]

योगवासिष्ठ में योग शब्द का अर्थ है – संसार सागर से पार होने की युक्ति।[7]

गीता में

गीता की शब्दानुक्रमणी देखने से ज्ञात होता है कि गीता के इन सात सौ श्लोकों में योगः, योगी, युक्तः, योगारूढ़ः, युज्जान, युज्जीत, योगयज्ञाः, योगसेवया, सांख्ययोगी इत्यादि 'युज्' धातु से बने शब्द और उनके साथ समस्तपद एक सौ अठारह बार आए हैं। श्री डॉ. भगवान दास जी के अनुसार आत्मा, अहं, बुद्धि, योग – ये ही चार शब्द और इनके प्रकार विकार सबसे अधिक बार गीता में कहे गए हैं। इन्हीं के संदर्भ में भगवान कृष्ण जी ने 'गीता' में योग की जो परिभाषा की है, उसका संक्षिप्त उल्लेख आवश्यक है । मुख्य रूप से श्रीमद्भगवदगीता में दो सारगर्भित परिभाषाएँ दी गई हैं – (1) समत्वं योग उच्यते – अर्थात जो कुछ भी कर्म किया जाए उसके पूर्ण होने और न होने में तथा उसके फल में समभाव रहने का नाम समत्व है।[8] (2) योगः कर्मसु कौशलम् अर्थात कर्मो में कुशलता ही योग है।[9] इन दोनों परिभाषाओं से स्पष्ट होता है कि कर्मों में अनासक्ति भाव रखना योग कहा जाएगा। इन्हीं भावों से अनुप्राणित गीता में अनेक निर्वचन इस

प्रकार मिलते हैं। यथा (1) 'ये तु सर्वाणि कर्माणि मयि संन्यस्त मत्परः। अनन्येनैव योगेन मां ध्यायन्त उपासते।[10] तं विद्यादुखसंयोगवियोगं योग संज्ञितम्।[11] योगो निःस्पृहता स्मृता।[12] सर्वद्वाराणि संयम्य मनोहदि निरुध्य च मूर्ध्न्याधायात्मनः प्राणमास्थितो योगधारणम्।[13] आत्मौपम्येन सर्वत्र समं पश्यति योऽर्जुन। सुखं वा यदि वा दुःखं स योगी परमो मतः।[14] सर्वभूतस्थमात्मानं सर्वभूतानि चात्मनि। ईक्षते योगयुक्तात्मा सर्वत्र समदर्शनः।[15] मय्यावेश्य मनो ये मां नित्ययुक्ता उपासते। श्रद्धया परमोपेतास्ते मे युक्ततमा मताः।[16]

इस प्रकार गीता में योग की अनेक परिभाषाएँ प्राप्त होती हैं तथा समत्व बुद्धियोग, अविकम्पयोग आदि योग कहे गए हैं, साथ ही कर्म, ज्ञान व भक्ति का मर्म बताकर अन्त में सबकी परिणति 'सर्वधर्मान्परित्यज्य मामेकं शरणं व्रज[17] कह कर भक्ति की ही स्थापना की गई है और ईश्वर प्राप्ति को ही मुख्य मानकर उसकी शरणागति में आने की विधान करती है यानि आत्मा का परमात्मा से मिलन ही योग की चरम परिणति है इसीलिए स्थान स्थान पर योग का उपदेश देते हुए तथा अर्जुन को युद्ध करने के लिए उद्यत करते हुए योगेश्वर अर्जुन को योगी बनने के लिए कहते हैं।[18] यहाँ कृष्ण जी ने योग की संकुचित दायरे में समेट कर नहीं रखा है। जहाँ आत्मा को परमात्मा से युक्त करने को कहा, वहीं युद्ध क्षेत्र में योग युक्ति का विधान कर योग को एक नये रूप में परिभाषित किया।

श्रीमद्भागवत पुराण में – भागवतपुराण में योग का प्रभूत वर्णन मिलता है किन्तु वहाँ भक्तियोग की ही प्रबल धारा वही है। भागवत योग को इस प्रकार परिभाषित करता है। कहा है कि 'जब कर्म में निर्विषण्ण होकर विरक्त हो जाए तब योगी को इन्द्रिय जय करके आत्मा का ध्यान करते हुए योग से मन को स्थिर करना चाहिए।[19] आगे कहा है कि मन को स्थिर करते समय शीघ्र भ्रमण करने वाला मन अगर स्थिर न हो सके तो सावधान होकर उसको पुचकारते हुए उसकी वासनायें पूरी करते हुए फिर अपने वश में लाने का प्रयत्न करना चाहिए।[20] प्राण और इन्द्रियों को जीत करके मनोगति की उपेक्षा नहीं करनी चाहिए किन्तु सत्वगुणयुक्त बुद्धि से

अपने वश में लाना चाहिए (एष वै परमो योगो मनसः संग्रहः स्मृतः) अर्थात मन को युक्ति से काबू में लाना ही श्रेष्ठ योग है।[21] कपिल जी तीसरे स्कन्ध में कहते हैं कि मन की गति का तैलधारावत अविच्छिन्न रूप परमात्मा की ओर होना ही योग है अर्थात जो वृत्तियाँ विशयों की ओर जाती हैं उन्हें परमात्मा की ओड़ मोड़ देना ही परमयोग है।[22] योग का उद्देश्य कायाकल्प नहीं है, शरीर को केवल दृढ़ बनाना नहीं है। प्रत्युत उसका प्रधान ध्येय श्री भगवान में चित्त को लगाना है, भगवत्परायण होना है।[23] इसी प्रकार अन्य पुराण भी योग का निर्वचन करते हैं। कूर्मपूराण में वृत्तिनिरोध से प्राप्त एकाग्रता को योग माना गया है।[24] अग्निपुराण ब्रह्म में चित्त की एकाग्रता को योग कहता है।[25] लिंगपुराण में भी चित्त वृत्ति निरोध को ही योग नाम से कहा गया है।[26] स्कन्दपुराण में जीवात्मा व परमात्मा का अपृथक् भाव ही योग है।[27]

उपनिषदों में योग – चित्त की वृत्तियों का निरोध करना, मन को संयमित करना, शारीरिक दृष्टि से स्वस्थता यह सब योग के विषय हैं। उपनिषदों में इन भावों को यत्र तत्र देखा जा सकता है।

कठोपनिषद् में यमाचार्य कहते हैं कि जब मन सहित पाँचों ज्ञानेन्द्रियाँ आत्मा में स्थित हो जाती हैं और बुद्धि भी विविध चेष्टाएँ नहीं करती, उस अवस्था को 'परमागति' कहते हैं। उसी स्थिर इन्द्रिय धारणा को योगी जन योग मानते हैं। उस स्थिति में योगी प्रमादरहित हो जाता है। प्रभव और अप्यय अर्थात उत्पत्ति और विनाश या प्राप्ति और परिहार ही योग कहलाता है। योग में इन्द्रिय धारणा की उत्पत्ति या प्राप्ति होती है और प्रमाद का विनाश या परिहार होता है अर्थात शुभ संस्कारों की उत्पत्ति और अशुभ संस्कारों का नाश होने लगता है। यही अवस्था योग है।[28]

श्वेताश्वतरोपनिषद् मन और बुद्धि को परमात्मा में लगाने को ही योग कहती है।[29] बृहदारण्यकोपनिषद् कहती है कि अरे ! आत्मा का दर्शन श्रवण, मनन और निदिध्यासन करना चाहिए।[30]

2. योग का लक्ष्य

इश्वर, पुरूष एवं प्रकृति इन तीन तत्वों के द्वारा सृष्टि की सम्पूर्ण प्रक्रिया सम्पन्न होती है । इन तीनों में ईश्वर मुख्य है जो क्लेश, कर्म, कर्म विपाक और कर्माशय से सर्वथा सर्वदा रहित है।[31] जो सर्वज्ञ है।[32] जो काल से नष्ट न होने के कारण सब गुरूओं का गुरू है।[33] उसे हम प्रणव (ओइम्) के नाम से कह सकते हैं[34] इसलिए योगशास्त्र इस ओइम् के जाप करने और उसके अर्थ का चिन्तन करने के लिए प्रेरित करता है।[35] उसी का चिन्तन और मनन करने से आत्मसाक्षात्कार हो जाता है तथा योग मार्ग में आने वाले समस्त विघ्न दूर हो जाते हैं।[36]

ईश्वर के वर्णन करने का उद्देश्य योगमार्ग के विघ्नों को दूर करना तथा साक्षात्कार प्राप्त करके बन्धन मुक्त होना है। महर्षि पतंजलि ईश्वर की सत्ता को स्वीकार करने का पर्याप्त कारण देते हैं कि इस तत्व के माध्यम से योग का लक्ष्य स्वरूपावस्थान अथवा कैवल्य प्राप्त किया जा सकता है जिससे सदा सर्वदा के लिए जन्म मरण के बंधन से छूटकर अपने स्वरूप में स्थित हो सकते हैं,[37] जिस स्वरूप को अवद्यिा के कारण हम भूल चुके हैं।

द्रष्टा अविद्या के कारण[38] निज स्वरूप को भूलकर अविद्या के द्वारा दिखाये गये स्वरूप को ही यथार्थ मानकर जन्म मरण के चक्र में पड़ा हुआ दुख भोग रहा है, वह अपने यथार्थ स्वरूप को जान ले तो बंधन मुक्त हो सकता है। बंधन से मुक्ति ज्ञान से होती है। योगसूत्र में विवेकख्याति को कैवल्य का साधन कहा गया है[39] यह विवेकख्याति योग के आठों अंगों के अनुष्ठान से अशुद्धि का नाश होने पर प्राप्त होती है[40] क्योंकि साधक को तत्व ज्ञान प्राप्त होने पर पुरूष व प्रकृति से संयोग का नाश हो जाता है और यथार्थ बोध होने पर पुरूष स्वयं को प्रकृति से सर्वथा भिन्न जान लेता है।[41] यही स्थिति उसे ईश्वर के निकट ले आती है। वेद भी कहता है कि उस महान परमेश्वर को अंधकार से परे प्रकाश रूप में जानकर मृत्यु से

छुटकारा प्राप्त किया जा सकता है। अन्य कोई मार्ग हमें छुटकारा नहीं दिला सकता है।[42]

प्रकृति के जड़ रूप को महर्षि पतंजलि पुरूष से सर्वथा विलग तथा उसके बंधन का मुख्य कारण स्वीकार करते हैं। जब पुरूष अपने और प्रकृति के भेद को जान लेता है तो योग के इस साधना मार्ग को अपनाकर सदा सर्वदा के लिए मुक्त हो जाता है। प्रकृति को दृश्य कहा गया है अर्थात् जो दृश्यमान जगत है, वह प्रकृति ही है, आत्मतत्व सूक्ष्मातिसूक्ष्म है। इसको भोक्ता तथा प्रकृति को भोग्य कहा गया है। सृष्टि रचना हेतु प्रकृति विभिन्न रूपों में प्रकट होती है। मूल प्रकृति से महत्, हत् से अहंकार, अहंकार से ज्ञानेन्द्रियाँ, कर्मेन्द्रियाँ, मन व पंच तन्मात्राएँ और पंच तन्मात्राओं से पंचमहाभूत की उत्पत्ति होती है। ये सम्पूर्ण सृष्टि इसी प्रकृति का विस्तार है, जो पुरूष के लिए भोग्य है ।

दार्शनिक मान्यताओं में आचार मीमांसा का मुख्य महत्व होता है। महर्षि पतंजलि यमों[43] – हिंसादि, नियमों[44] – शौचादि के रूप में अपनी आार संहिता प्रस्तुत करते हैं। साथ ही मैत्री, करूणा, मुदिता और उपेक्षा के भाव को अपनाने वाले साधक का चित्त सदैव प्रसन्न रहता है।[45] कहकर इन्हें भी आचरणीय तत्वों में सम्मिलित कर लेते हैं। ज्ञान, भक्ति व कर्म को क्रमशः विवेकख्याति[46], ईश्वर प्रणिधान[47] तथा अशुक्लाकृष्ण[48] कर्म के माध्यम से प्रतिष्ठापित करते हैं। इन उपायों को अपनाकर साधक इहलोक तथा परलोक दोनों में ही सफलतापूर्वक प्रविष्ट हो सकता है।

शाण्डिल्योपनिषद् में ब्रह्म के अद्वैत स्वरूप की सिद्धि की गई है। अथर्वा मुनि कहते हैं कि ब्रह्म, सत्य, विज्ञान एवं अनन्त रूपों में संव्याप्त है।[49] जिसमें यह सम्पूर्ण जगत ओत–प्रोत है, जिससे यह प्रादुभूर्तत होता है तथा अस्त भी होता है, इस तरह से जिसको समझ लेने से सभी कुछ समझ लिया जाता है। यह हाथ, पैर, नेत्र, कार्य, जिह्वा, शरीर आदि से रहित स्वीकार किये जाने योग्य और बताये जा सकने के योग्य है।[50] जिसे

प्राप्त किये बिना वाणी और मन पीछे की ओर वापस हो जाते हैं। जो केवल ज्ञान के द्वारा पाया जा सकता है, जिससे प्राचीन प्रज्ञा का प्रचार प्रसार हुआ है, जो अनुपम और अद्वितीय है, आकाश की भाँति, सर्वत्र व्याप्त रहने वाले, अति सूक्ष्म, निरंजन, क्रियाविहीन, सत्यस्वरूप, चेतना से सम्पन्न, आनन्द स्वरूप, एकरस, मंगलमय, अत्यन्त शान्त और अमर है, वही परम अविनाशी ब्रह्म है।[51] जो एक ही देव आत्मा की शक्ति के रूप में प्रमुख, सब प्रकार से ज्ञान सम्पन्न, सर्वेश्वर, सब प्राणियों की अन्तरात्मा, सब प्राणियों में निवास करने वाले, सब प्राणियों में छिपे हुए, सभी प्राणियों का मूल उत्पत्ति स्थान, केवल योग के द्वारा जाने जा सकने योग्य है, जो विश्व की सृष्टि, पालन एवं विलय स्वयं करता है, वही आत्मा है। तुम आत्मा में ही उन सबको स्थित जानों।[52] शाण्डिल्योपनिषद् आत्मा और ब्रह्म को एक ही तत्व मानता है इसीलिए वेदान्त के 'तत्वमासि' महाकाव्य की स्थापना करते हैं और घोषणा करते हैं कि केवल ज्ञान के द्वारा ही उकी प्राप्ति हो सकती है।[53]

यह परब्रह्म निष्क्रिय एवं अक्षररूप है। तब भी इस अविनाशी परबह्म के तीन स्वरूप माने गये हैं – सकल, निष्कल तथा सकल निष्कल।[54] जो सत्यरूप, विज्ञान युक्त, आनन्दस्वरूप, क्रियारहित, निरंजन, सर्वव्यापि, सूक्ष्मातिसूक्ष्म, चतुर्दिक् मुखवाला, अनिर्वचनीय और अमर है, यह ब्रह्म का निष्कल रूप है।[55]

इस परब्रह्म की जो सहज अविद्या, मूल प्रकृति और माया शक्ति है, वह लाल, श्वेत और कृष्ण रंग से युक्त है, उस माया शक्ति की सहायता प्राप्त करके, यह परमदेव कृष्ण एवं पीत रंग से युक्त होकर सभी का ईश्वर और नियन्ता होता है, वह इस ब्रह्म का सकल रूप है।[56]

इस परब्रह्म ने ज्ञानमय तप से वृद्धि प्राप्त करके इच्छा की कि मैं विभिन्न रूपों में प्रकट हो जाऊँ। इसके पश्चात तप प्रारम्भ किया। तब समस्त कामनाओं से सम्पन्न तीन अक्षर प्रादुर्भूत हुए। तीन ब्याहतियाँ, तीन पदों वाली गायत्री, तीन वेद, तीन देव, तीन वर्ण एवं तीन अग्नियाँ उत्पन्न

हुई। यह ब्रह्म समस्त ऐश्वर्यो से सम्पन्न, सर्वत्र व्याप्त रहने वाला, समस्त प्राणियों के हृदय में रहने वाला, मायावी एवं माया के साथ क्रीड़ा करता है, वही ब्रह्मा, वही विशणु, वही रूद्र, वही इन्द्र, वही समस्त देवताओं एवं सभी भूत प्राणियों के रूप में है। वही अग्र भाग में, वी पृष्ठ भाग में, वही उत्तर, वही दक्षिण, वही नीचे, वही ऊपर की ओर प्रतिष्ठित है। वही सब कुछ है। वह अपनी शक्ति से क्रीड़ा करने वाला तथा अपने भक्तों के प्रति अनुकम्पा बनाये रखने वाला है। इसका शरीर दत्तात्रेय रूप, सुन्दर, वस्त्ररहित, कमल की पंखुड़ी की तरह कोमल, चार भुजाओं से सम्पन्न, भयंकरता से रहित है, पाप रहित है और प्रकाश से युक्त है। यह इसका सकल निष्कल रूप है।[57]

इस उपनिषद् में अद्वैत ब्रह्म की स्थापना के साथ साथ योग के द्वारा समाधि की स्थिति में पहुँचकर अमरता को प्राप्त करने का उल्लेख किया गया है – 'योगैकगम्यः'।[58]

साधना पद्धति के दृष्टिकोण से योगसूत्र व शाण्डिल्योपनिषद् में साम्यता प्राप्त होती है किन्तु विस्तार में जाने पर देखते हैं कि शाण्डिल्योपनिषद्कार हठयोग की ओर आकृष्ट दिखाई पड़ते हैं।

शाण्डिल्योपनिषद् में भी महर्षि पतंजलि की भाँति योग के आठ अंगों को माना गया है – यम, नियम, आसन, प्राणायाम, प्रत्याहार, धारणा, ध्यान तथा समाधि[59] किन्तु यमों की संख्या पाँच के स्थान पर दस मानी गई है – अहिंसा, सत्य, अस्तेय, ब्रह्मचर्य, दया, आर्जव, क्षमा, धृति, मिताहार तथा शौच।[60] इसी प्रकार नियमों की सँख्या भी दस मानी गई है – तप, संतोष, आस्तिक्य, दान, ईश्वरपूजन, सिद्धान्तश्रवण, ह्री, मति, जप तथा व्रत।[61] आठ आसनों का वर्णन किया गया है – स्वस्तिक, गोमुख, पद्म, वीर, सिंह, भद्र, मुक्त तथा मयूरासन।[62] जबकि महर्षि पतंजलि ने किसी भी आसन का नाम नहीं बताया है। यम, नियम, आसन का अभ्यास करने के पश्चात प्राणायाम का अभ्यास करना चाहिए जिससे नाड़ियाँ शुद्ध हो जाती हैं।[63] अट्ठारह मर्म स्थलों में धारणा करते हुए इन्द्रियों को नियन्त्रण प्रत्याहार कहलाता है।[64] तीन प्रकार की धारणा बताई गई है – अन्तरात्मा में मन की

धारणा, दहर अर्थात् हृदय आकाश में बाह्याकाश की धारणा तथा पंच तत्वों की धारणा।[65] निर्गुण औ रसगुण, ध्यान के दो प्रकार बताये गये हैं।[66] जीवात्मा और परमात्मा की ऐक्यावस्था समाधि है।[67] इसके अतिरिक्त शाण्डिल्योपनिषद् में चौदह नाड़ियों, दस प्राणों, कुण्डलिनी आदि का वर्णन करके महर्षि पतंजलि से भी आगे बढ़ने का प्रयास किया है ।

इस प्रकार हम देखते हैं कि सिद्धान्तों में साम्यता होते हएु भी कुछ विशमताएँ दृष्टिगत होती हैं। अद्वैत तथा द्वैत में, साधना पद्धति में तथा आचार मीमांसा में भेद हैं तथापि योग के आठ अंगों में साम्यता है, जो इन्हें एक दूसरे के निकट लाती है।

3. योग में साधनों की उपयोगिता

योग का अर्थ होता है – मिलन, संयोग, एकाकार, तदाकार, तदरूपता की स्थिति, जबकि व्युत्पत्ति स्वरूप एवं शास्त्रीय अर्थ से योग का तात्पर्य – आत्मा व परमात्मा का मिलन किन्तु पातंजल योगसूत्र के भाष्कार व्यास जी ने योग शब्द का प्रयोग 'समाधि' के अर्थ के रूप में किया है। योग के ग्रन्थों में सबसे प्राचीन व प्रमाणिक ग्रन्थ महर्षि पतंजलि कृत योगसूत्र के प्रथम अध्याय में योग को परिभाषित किया गया है। 'चित्त की वृत्तियों का निरोध होना ही योग है'।[68] यहाँ योग शब्द का आशय समाधि से है। भौतिक जगत में बिखरी हुई मनोवृत्तियों के संकोचन के लिए समाधि आवश्यक है, जो कि सम्प्रज्ञात व असम्प्रज्ञात भेद से दो प्रकार की है। साधक योग अर्थात समाधि द्वारा प्रमाद रहित होकर आत्मस्वरूप में प्रतिष्ठित होता है।

योग भारतीय संस्कृति में प्राचीन ऋषि मुनियों की अनुपम अद्वितीय एवं अनूठी धरोहर है। योग साधना द्वारा ही मनुष्य आत्मतत्व एवं ब्रह्म तत्व का ज्ञान, सत्य की खोज कर जन्म मरण से छुटकारा पाकर कैवल्य प्राप्त कर सकता है। कैवल्य प्राप्ति के अनेकों साधन हैं, जैसे – हठयोग, राजयोग आदि किन्तु इस सभी मार्गों में से सबसे उपयुक्त तर्कसंगत एवं

सुगम मार्ग महर्षि पतंजलि द्वारा वर्णित अष्टांग योग मार्ग है। इस मार्ग में योग के कुल आठ अंगों का वर्णन किया गया है इसलिए इसे अष्टांग योग के नाम से जाना जाता है। योग के आठ अंग – यम, नियम, आसन, प्राणायाम, प्रत्याहार, धारणा, ध्यान एवं समाधि हैं।[69]

4. अष्टांग योग का संक्षिप्त परिचय

महर्षि पतंजलि ने योग के आठ अंगों के विषय में वर्णन करते हुए कहा कि – यम, नियम, आसन, प्राणायाम, प्रत्याहार, धारणा, ध्यान एवं समाधि – ये योग के आठ अंग हैं।[70] जिनका संक्षिप्त वर्णन इस प्रकार है–

1. यम

पूर्वोक्त योग के आठ अंगों में प्रथम अंग यम है। 'यमु' बांधने धातु में 'घञ्' प्रत्यय लगाने पर यम शब्द निष्पन्न होता है, जिसका अर्थ है, बांधने वाला या नियन्त्रण करने वाला। ये यम पाँच हैं, यथा –

अहिंसा, सत्य, अस्तेय, ब्रह्मचर्य और अपरिग्रह ये पाँच यम हैं।[71] चूँकि अहिंसायादि यम मनुष्यों को नियन्त्रित करते हैं, उसके अशुभ व्यवहारों पर रोक लगाते हैं, इसलिए इन्हें यम कहा जाता है। इन अहिंसादि यमों का संक्षिप्त विवरण इस प्रकार है –

(1) अहिंसा – सब प्रकार के सर्वकाल में समस्त प्राणियों से हिंसा न करना अहिंसा कहा गया है।

(2) सत्य – वाणी और मन की यथार्थता को सत्य कहते हैं।

(3) अस्तेय – स्तेय का अर्थ है, चोरी तथा स्तेय के अभाव को अस्तेय कहते हैं ।

(4) ब्रह्मचर्य – 'ब्रह्म' अर्थात ईश्वर एवं 'चर्य' अर्थात चलना अर्थात ईश्वर के रास्ते पर चलना ब्रह्मचर्य है तथा वीर्य की रक्षा करना भी ब्रह्मचर्य कहलाता है ।

(5) अपरिग्रह – विषयों का संग्रह न करना अपरिग्रह है।

2. नियम

योग दर्शन का दूसरा एवं महत्वपूर्ण अंग है – नियम। यम और नियम में केवल 'नि' उपसर्ग का अन्तर है। 'नि' उपसर्ग निःशेष का वाचक है। नियम के विषय में बताते हुए महर्षि पतंजलि ने कहा है कि –

शौच, संतोष, तप, स्वाध्याय एवं ईश्वर प्रणिधान, ये पाँच नियम हैं।[72] जिनका संक्षिप्त विवरण इस प्रकार है –

(1) शौच – शौच अर्थात् शुद्धि करना। शुद्धि दो प्रकार की है – बाह्य शुद्धि एवं आन्तरिक शुद्धि।

(2) संतोष – जो भोग साधन निकट विद्यमान है, उन पदार्थों से अधिक तथा अनुपयोगी अन्य पदार्थों के ग्रहण की इच्छा का न होना संतोष है।

(3) तप – क्षुधा – पिपासा, शीत ऊष्ण, खड़ा होना और बैठना आदि द्वन्द्वों को सहना तप है।

(4) स्वाध्याय – उपनिषद्, गीता, ब्रह्मसूत्रा आदि मोक्षोपयोगी शास्त्रों का अध्ययन तथा ओंकार का जप स्वाध्याय कहलाता है।

(5) ईश्वरप्रणिधान – परमगुरू परमेश्वर में सर्वक्रियाओं को अर्पित कर देना ईश्वरप्रणिधान है।

3. आसन

अष्टांग योग अथवा योग दर्शन का तीसरा अंग है, आसन। योग साधना के लिए इसका अभ्यास अनिवार्य रूप से बताया गया है। आसन के विषय में बताते हुए महर्षि पतंजलि ने कहा है कि –

स्थिर होकर सूखपूर्वक बैठने को आसन कहा जाता है।[73] पद्मासन आदि आसनों में से जिसके द्वारा स्थिरता तथा सुख की प्राप्ति हो उसी

आसन का उपयोग साधक को करना चाहिए। जिनमें से कुछ आसनों का विवरण भाष्कार कर रहे हैं, जैसे – पद्मासन, वीर, भद्र, स्वस्तिकासन आदि। इनका संक्षिप्त विवरण इस प्रकार है –

(1) पद्मासन – बांयी जंघा के ऊपर दाहिने पैर को रखना एवं दाहिने जंघा के ऊपर बायें पैर को रखकर बैठने की स्थिति को पद्मासन कहते हैं।

(2) वीरासन – एक पैर को पृथ्वी पर रखना, दूसरे पैर के घुटने को मोड़कर उसके ऊपर रखते हुए स्थिर रहना वीरासन है।

(3) भद्रासन – दोनों पैरों के तलवों को अण्डोष के पास रखना तथा दोनों हाथों से पैरों को बाँधकर रखना भद्रासन है।

(4) स्वस्तिकासन – बायें पैर को मोड़कर दाहिनी जंघा और उरू के बीच में रखना तथा दाहिने पैर को मोड़कर बांयी जंघा और उरू के बीच में रखकर सीधे बैठना स्वस्तिकासन कहलाता है।

4. प्राणायाम

प्राणायाम अश्टांग योग का चतुर्थ अंग है। समाधि तक पहुँचने के लिए प्राणायाम की सिद्धि अनिवार्य है। चित्त की चंचलता का निरोधक सबसे अधिक प्राणायाम ही है। प्राणायाम के विषय में महर्षि पतंजलि कहते हैं कि –

आसन की सिद्धि होने पर श्वास और प्रश्वास की गति का स्थिर हो जाना प्राणायाम कहलाता है ।[74] यह प्राणायाम चार प्रकार का होता है।

(1) बाह्यवृत्ति (रेचक) – जिस प्राणायाम में प्रश्वास द्वारा अर्थात अन्दर की वायु को बाहर निकाल कर प्राण की स्वाभाविक गति को विच्छेद किया जाता है, वह रेचक अर्थात बाह्यवृत्ति कहा जाता है।

(2) आभ्यन्तरवृत्ति (पूरक) – जब बाहर की वायु को अन्दर खींचकर प्राण की स्वाभाविक गतित का विच्छेद किया जाता है, वह पूरक अर्थात आभ्यन्तरवृत्ति कहा जाता है।

(3) स्तम्भवृत्ति (कुम्भक) – जब श्वास तथा प्रश्वास दोनों प्रकार की गति का अभाव होता है, यह कुम्भक अर्थात स्तम्भवृत्ति कहलाता है।

(4) बाह्याभ्यन्तर विषयाक्षेपी – श्वास को पूरक करके तब तक रोका जाए, जब तक प्राण बाहर निकलने को आतुर न हो जाए तथा बाहर निकाल कर तब तक रोका जाए, जब तक अन्दर जाने को व्याकुल न हो जाए, विधिपूर्वक इसका अभ्यास करना चाहिए।[75]

5. प्रत्याहार

प्रत्याहार योग शास्त्र का पाँचवा अंग है। प्रत्याहार का अभिप्राय है कि पांच ज्ञोन्द्रियों का अपने अपने विषयों से सम्बन्ध छूट जाने पर चित्त के अनुरूप हो जाना। यम, नियम प्राणायामादि के प्रभाव से चित्त जब बाहर के विषयों से विरक्त होकर समाधिस्थ होने लगता है, तब इन्द्रियाँ भी अर्न्तमुखी होकर उस जैसा अनुकरण करने लगती है और चित्त के निरूद्ध होने पर स्वयं भी निरूद्ध हो जाती है, यही उनका प्रत्याहार है। महर्षि पतंजलि प्रत्याहार के विशय में कहते हैं कि –

इन्द्रियों का अपने विषयों के सम्बन्ध से रहित होने पर, जो चित्त के स्वरूप में तदाकर सा हो जाता है, वह प्रत्याहार है।[76]

इस अवस्था में चित्त तो बाह्य विषयों के विमफकत होकर आत्मतत्व के अभिमुख होता है पर इन्द्रियाँ केवल बाह्य विषयों से विमुख होती है। चित्त के समान आत्मत्व के अभिमुख नहीं होता।

6. धारणा

उपर्युक्त यम, नियमादि पाँच अंग योग के बाह्य अंग कहे जाते हैं तथा अन्य तीन अंग धारणा, ध्यान एवं समाधि योग के आभ्यांतर अंग कहे गये हैं। अष्टांग योग में षट अंग के रूप में धारणा का वर्णन है, जिसका अर्थ है धरण करना। अंतरंग का प्रथम साधन होने से साधक इसमें सफलता

प्राप्त करने के बाद ही ध्यान तथा समाधि की स्थिति में पहुँचता है। धारणा के विषय में वर्णन करते हुए महर्षि पतंजलि कहते हैं कि –

शरीर के बाहर अथवा भीतर कहीं पर भी किसी एक क्षेत्र में चित्त का स्थिर करना ही धारणा कहलाता है।[77]

जब चित्त और इन्द्रियाँ बहिरंगों द्वारा अन्र्तमुखी हो जाए तो शरीर के अन्तर्गत अथवा बाहर किसी स्थान विशेष पर चित्त को बांधने का प्रयास करना धारणा है।

7. ध्यान

अष्टांग योग का सातवां एवं अन्तरंग का दूसरा साधन है, ध्यान। धारणा के अभ्यास को यदि निरन्तर रखा जाए तो वही धारणा एक दिन ध्यान बन जाती है। धारणा का समय यदि पाँच घटिका है तो ध्यान का समय साठ घटिका होना चाहिए। महर्षि पतंजलि ध्यान का वर्णन करते हुए कहते हैं कि –

चित्त को जहाँ पर केन्द्रित किया जाए, उसी में चित्तवृत्ति का एकाग्र होना ध्यान कहलाता है।[78] जिस स्थान में ध्येय के रूप में धारणा द्वारा चित्त वृत्ति को लगाया हो उसी ध्येय रूप आलम्बन में चित्तवृत्ति यदि एकाग्रता को प्राप्त हो वह ध्यान कहलताा है। एकाग्रता का अर्थ है कि विजातीय वृत्ति से रहित सजातीय वृत्ति का प्रवाह निरन्तर चलता रहे तो वह प्रवाह ही ध्यान कहलाता है।

8. समाधि

समाधि योग का आठवां एवं अति महत्वपूर्ण अंग है। ध्यान की पूर्णता होने पर अगली स्थिति समाधि होती है। समाधि का समय धारणा और ध्यान से अधिक होता है। इन तीनों का अनुपात क्रमशः 5 : 60 : 120 नहीं होता है। महर्षि पतंजलि समाधि का स्वरूप बताते हुए कहते हैं कि –

वही ध्यान जब ध्येयमात्र का प्रकाशक तथा अपने ध्येयाकार रूप से रहित सा हो जाता है, तब वह समाधि कहा जाता है।[79]

महर्षि पतंजलि के अनुसार यही समाधि दो प्रकार की होती है –

(1) सम्प्रज्ञात समाधि

(2) असम्प्रज्ञात समाधि

(1) सम्प्रज्ञात समाधि – यह चार प्रकार की होती है –

1. वितर्कानुगत सम्प्रज्ञात समाधि – स्थूल पंचमहाभूत अथवा पंचमहाभूतों से निर्मित चतुर्भुजादि भगवत्प्रतिमा वितर्क कहलाती है। इन भूतों में अथवा भौतिक प्रतिमादि स्थूल ग्राह्य पदार्थों में जो समाधि की जाती है, उसे वितर्कानुगत सम्प्रज्ञात समाधि कहते हैं। वितर्कानुगत समाधि भी दो प्रकार की होती है – सवितर्क, निर्वितर्क।

2. विचारानुगत सम्प्रज्ञात समाधि – पन्चतन्मात्रा को विचार कहा जाता है। ये महाभतों के सूक्ष्म रूप हैं, इनको विषय बनाकर जो भावना की जाती है, वह विचारानुगत सम्प्रज्ञात समाधि है। विचारानुगत समाधि भी दो प्रकार की होती है – सविचार, निर्विचार।

3. आनन्दानुगत सम्प्रज्ञात समाधि – मन सहित इन्द्रियों को ग्रहण कहा जाता है। स्थूल और सूक्ष्म महाभतों की संज्ञा ग्राह्य थी। इद्रियों का नाम ग्रहण है। ये इन्द्रियाँ चूँकि सत्व प्रधान होने से प्रकाशक है, इसलिए इन्हें आनन्द भी कहा जाता है। इनमें जो भावना की जाती है, उसे आनन्दानुगत सम्प्रज्ञात समाधि कहते हैं।

4. अस्मितानुगत सम्प्रज्ञात समाधि – अहांकर, बुद्धि, प्रकषति तथापुरूष ये चारों ग्रहीता कहे जाते हैं। इन्हीं का नाम अस्मिता भी है। इन चारों को ध्येय बनाकर जब भावना की जाती है तो यह

भावना अस्मितानुगत सम्प्रज्ञात समाधि कहलाती है।

(2) असम्प्रज्ञात समाधि – यह दो प्रकार की होती है –

1. भव प्रत्यय – विदेह तथा प्रकृतिलय योगियों का जो संस्कारशेषरूप वृत्तिनिरोध है, वह भवप्रत्यय है।

2. उपायप्रत्यय – जब योगी केवल निर्गुण आत्मत्व में श्रद्धा, वीर्य, स्मृति, समाधि और प्रज्ञापूर्वक वृत्तिनिरोध करता है तो उसका संस्कारशेष रूप वह वृत्तिनिरोध असम्प्रज्ञात समाधि कहलाता है।

– – – – – – – –

1. युज् समाधौ इत्यस्मात् व्युत्पन्नः समाध्यर्थो न तु युजिर्योगे इत्यस्मात् संयोगार्थ इत्यर्थः। तत्ववैशारदी
2. योगश्चित्तवृत्तिनिरोधः (पा. यो. द. 1.2)
3. तपः स्वाध्यायेश्वरप्रणिधानानि क्रियायोगः (पा. यो. द. 2.1)
4. समाधिभावनार्थः क्लेशतनूकरणार्थश्च (पा. यो. द. 2.2)
5. त्रयमेकत्र संयमः (पा. यो. द. 3.4)
6. तज्जयात्प्रज्ञालोकः (पा. यो. द. 3.5)
7. योगवाष्ठि 6.13.3
8. गीता 2.48
9. गीता 2.50
10. गीता 12.6
11. गीता 6.23
12. गीता 6.12
13. गीता 8.12

14. गीता 6.32

15. गीता 6.2

16. गीता 12.2

17. गीता 18.66

18. गीता 6.46

19. यदाऽऽरम्भेषु निर्विण्ण विरक्तः संयतेन्द्रियः। अभ्यासेनात्मनो योगी धारयेदचलं मनः। (भागवत 11.20.18)

20. धार्यमाणं मनो यर्हि भ्राम्यदाश्वनवस्थितम्। अतन्द्रितोऽनुरोधेन मार्गेणात्मवशं नयेत् (श्रीमद्भागवत 11.20.19)

21. **(क)** मनोगर्ति न विसृजेज्जित प्राणो जितेन्द्रियः। सत्वसम्पन्नया बुद्धया मन आत्मवशं नयेत् (श्रीमद्भागवत 11.20.2)

(ख) एष वै परमो योगो मनसः संग्रहः स्मृतः। हृदयज्ञत्वमन्विच्छन दम्यस्येवार्वतो मुहुः (श्रीमदभागवत 11.20.21)

22. **(क)** यद्गुणश्रुतिमात्रेण मयि सर्वगुहाशये। मनोगतिरविच्छिन्ना यथा गंगारम्भसोऽम्बुधौ (भाग. 3.29.11)

(ख) लक्षणं भक्तियोगस्य निर्गुणस्थ ह्युदाहतम्। अहैतुक्यव्यवहिता या भक्ति पुरूषोत्तमे (भाग 3.29.12)

23. श्रीमद्भागवतपुराण 11.28.43

24. मय्येकवितता योगौ वृत्यन्दरनिरोधतः – कूर्मपुराण – 11

25. ब्रह्मप्रकाश शब्दं ज्ञानं योगस्तत्रैकचितता। चित्तवृत्तिर्निरोधश्च जीवब्रह्मात्मनो परः (अग्निपुराण 183.1 – 2)

26. योगेनिरोधो वृत्तेस्तु चितस्य द्विजसत्तमाः (लिंगपुराण – 8)

27. जीवात्मपरमार्थोऽयमविभागः परन्तप। स एव तु परो योगः समासात्कथितं स्तव (स्कन्द पुराण अध्याय 29)

28. यदा पंचावतिष्ठन्ते ज्ञानानि मनसा सह। बुद्धिश्च न विचेष्टति तामाहुः परमां गतिम्। तां योगमिति मन्यन्ते स्थिरामिन्द्रियधारणाम्। अप्रत्तमस्तदा भवति योगो हि प्रभवप्ययौ (कठोपनिषद् 2.3.10–11)

29. युज्जते मन उत बुज्जते धइयो विप्रा विप्रस्य बृहतो विपश्चित् (श्वेताश्व. 2.4)

30. आत्मा वा अरे द्रष्टव्यः श्रोतव्यो मन्तव्यो निदिध्यासितव्यश्च (बृह. उ. 2.4.15)

31. क्लेशकर्मविपाका शयैरपरामृष्टः पुररूषविशेष ईश्वरः (योगसूत्र – 1/24)

32. तत्र निरतिशयं सर्वज्ञबीजम् (योगसूत्र – 1/25)

33. पूर्वषामपि गुरूः कालेनानवच्छेदात् (योगसूत्र – 1/26)

34. तस्य वाचकः प्रणवः (योगसूत्र – 1/27)

35. तज्जपस्तदर्थभावनम् (योगसूत्र – 1/28)

36. ततः प्रत्यक्चेतनाधिगमोऽप्यन्तरायाभावश्च (योगसूत्र – 1/29)

37. तदा द्रष्टुः स्वरूपेऽवस्थानम् (योगसूत्र – 1/3)

38. तस्य हेतुरविद्या (योगसूत्र – 2/24)

39. विवेकख्यातिरविप्लवा हानोपायः (योगसूत्र – 2/26)

40. योगागानुष्ठानादशुद्धिक्षये ज्ञानदीप्तिराविवेकख्यातेः (योगसूत्र – 2/28)

41. तदभावात्संयोगाभावो हानं तद्दृशेः कैवल्यम् (योगसूत्र – 2/25)

42. वेदाहमेतम

43. योगसूत्र – 2/30

44. योगसूत्र – 2 /32

45. मैत्रीकरूणामुदितोपेक्षाणां सुखदु:खपुण्यापुण्यविषयाणां भावनातश्चित्तप्रसादनम् (योगसूत्र – 1/33)

46. विवेकख्यातिरविप्लवा हानोपायः (योगसूत्र – 2/26)

47. ईश्वरप्रणिधानाद्वा (योगसूत्र – 1/23)

48. कर्माशुक्लाकृष्णं योगिनस्त्रिविधमितरेणम् (योगसूत्र – 4/7)

49. स होवाचाथर्वा शाण्डिल्य सत्यं विज्ञानमनन्तं ब्रह्म (शाण्डिल्य. – 2/2)

50. यस्मिन्निदमोतं च प्रोतं च। यस्मिन्निदं स च विचैति सर्व यस्मिन्विज्ञाते सर्वमिदं विज्ञातं भवति। तद्पाणिपादमचक्षु: श्रोत्रमजिह्ममशरीरमग्राह्यमनिर्देश्यम् (शाण्डिल्यः – 2/3)

51. यतो वाचो निवर्तन्ते अप्राप्य मनसा सह। यत्केवलं ज्ञानगम्यम् प्रज्ञा च यस्मात्प्रसष्ता पुराणी। यदेकमद्वितीयम् । आकाशवत्सर्वगतं सुसूक्ष्मं निरंजनं निष्क्रिय सन्मात्रं चिदानन्दैकरस शिवं प्रशान्तममष्तं तत्पर च ब्रह्म (शाण्डिल्यः – 2/4)

52. य एको देव आत्मशक्तिप्रधानः सर्वज्ञः सर्वेश्वरः सर्वभूतानारात्मा सर्वभूताधिवासः सर्वभतनिगूढ़ो भूतयोनिर्योगैकगम्यः। यश्च विश्वं सृजति विश्वं विभर्ति विश्वं भुङ्क्ते स आत्मा। आत्मनि तं तं लोकं विजानीहि (शाण्डिल्य. – 2/5)

53. तत्त्वमसि तज्ज्ञानेन हि विजानीहि (शाण्डिल्य. – 2/4)

54. स होवाचाथर्वा सत्यं शाण्डिल्य परब निष्क्रियमक्षरमिति। अथाप्यस्यारूपस्य ब्रणस्त्रीणिं रूपाणि भवन्ति सकलं निष्कलं सकलनिष्कलं चेति (शाण्डिल्य. – 3/1/2.3)

55. यत्सत्यं विज्ञानमानन्दं निष्क्रियं निरंजनं सर्वगतं सुसूक्ष्मं सर्वतोमुखमनिर्देश्य – ममृतमस्ति तदिदं निष्कलं रूपम् (शाण्डिल्य. – 3/1/4)

56. अथास्य या सहजास्त्यविद्या मूलप्रकृतिर्माया लोहिशुक्लकृष्णा। तया सहायवान् देवः कृष्णपिंगलो महेश्वर ईष्टे। तदिदमस्य सकलं रूपम् (शाण्डिल्य. – 3/1/5)

57. अथैश ज्ञानमयेन तपसा चीयमानोऽकामयत बहुस्यां प्रजायेयेति। अथैतस्मत्तप्यमानात्सत्यकामात्त्रीण्यक्षराण्यजायन्त। तिस्त्रो व्याहृतयत्रिपदा गायत्री त्रयो वेदास्त्रयो देवास्त्रयो वणस्त्रयोऽग्नयश्च जायन्ते। योऽसौ देवो भगवान्सर्वेश्वर्यसम्पन्नः सर्वव्यापी सर्वभूतानां हृदये सनिविष्टो मायावी मायया क्रीड़ति स ब्रह्मा स विष्णुः स रूद्रः स इन्द्रः स सर्व देवाः सर्वाणि भूतानि स एव पुरस्तात्स एवं पश्चात्स एवोत्तरतः स एव दक्षिणतः स एवाधस्तात्स एवोपरिष्टात्स एव सर्वम्। अयास्य देवस्यात्मशक्तेरात्मक्रीड़स्य भक्तानुकम्पिनो दत्तात्रेयरूपा सुरूपा तनूरवासा इन्दीवरदलप्रख्या चतुर्वाहुरधीरापापकाशिनी। तदिदमस्य सकलनिष्कलं रूपम् (शाण्डिल्य. – 3/1/6)

58. शाण्डिल्योपनिशद् – 2/5

59. च होवाचाथर्वा यमनियमासन प्राणायाम प्रत्याहार धारणा ध्याान समाधयोऽष्टागानि (शाण्डिल्य. – 1/1/1)

60. तत्राहिंसासत्यास्तेयब्रह्मचर्यदयार्जवक्षमाधूतिमिताहारशौचानि चेति यमा दश (शाण्डिल्य. 1/1/1)

61. तपः संतोशस्तिक्य दानेश्वरपूजन सिद्धान्तश्रवणह्णीमतिजापव्रतानि दश नियमाः (शाण्डिल्य. 1/2/1)

62. स्वस्तिकगोमुखपद्मवीरसिंह भद्रमुक्तमयूराख्यान्यासनान्यश्टौ (शाण्डिल्य. 1/3/1)

63. शाण्डिल्योपनिषद् – 1/7/1

64. शाण्डिल्योपनिषद् – 1/8/1

65. सा त्रिविधा आत्मनि मनोधारणं दहराकाशं बाह्याकाशधारणं पृथिव्यप्तेजोवाय्याकाशेषु पंचमूर्तिधारणं चेति (शाण्डिल्य. – 1/9/1)

66. तद्द्विविधं सगुणं निर्गुणं येति (शाण्डिल्य. – 1/10/1)

67. जीवत्मपरमात्मैक्यावस्था त्रिपुटीरहिता परमानन्दस्वरूप्स शुद्धचैतन्यात्मिका भवति (शाण्डिल्य. 1/11/1)

68. योगश्चित्तवृत्तिनिरोधः (योगसूत्र – 1/2)

69. यमनियमासन प्राणायाम प्रत्याहारधारणां ध्यान समाधयोऽष्टावंगानि (योगसूत्र – 2/29)

70. यमनियमासन प्राणायाम प्रत्याहारधारणां ध्यान समाधयोऽष्टावंगानि (योगसूत्र – 2/29)

71. अहिंसासत्यास्तेयब्रह्मचर्यापरिग्रहा यमाः (योगसूत्र – 2/3)0

72. शौचसन्तोशतपः स्वाध्यायेश्वरप्रणिधानानि नियमाः (योगसूत्र – 2/32)

73. स्थिरसुखमासनम् (योगसूत्र – 2/46)

74. तस्मिन् सति श्वासप्रश्वासयोर्गतिविच्छेदः प्राणायामः (योग सूत्र – 3/49)

75. बाह्याभ्यन्तरविषयाक्षेपी चतुर्थः (योगसूत्र – 2/51)

76. स्वविषयासम्प्रयोगे चित्तस्वरूपानुकार इवेन्द्रियाणां प्रत्याहारः (योगसूत्र – 2/54)

77. देशबन्धश्चितस्य धारणा (योगसूत्र – 3/1)

78. तत्र प्रत्ययैकत्तानता ध्यानम् (योगसूत्र – 3/2)

79. तदेवार्थमात्रनिर्भासं स्वरूपशून्यमिव समाधिः (योगदर्शन – 3/2)

तृतीय अध्याय
आसनों के प्रकार

आसन का स्वरूप

अर्थ

अष्टांग योग का तीसरा अंग 'आसन' है। आस् में ल्युट् प्रत्यय लगाने पर निष्पन्न हुए आसन शब्द के दो अर्थ हैं – (1) बैठने के लिए प्रयुक्त आसन जैसे कुशासन आदि तथा (2) शारीरिक अवस्था। यहाँ आसन से तात्पर्य शारीरिक अवस्था से है । कोषकारों ने आसन शब्द के अनेक अर्थ किये हैं – जैसे बैठना, शरीर के अंगों की एक विशेष स्थिति या बैठने का ढंग, ठहर जाना, शत्रु के विरूद्ध किसी स्थान पर डटे रहना, हाथी के शरीर का अगला भाग, घोड़े का कंधा, आसन अर्थात् जिसके ऊपर बैठा जाता है, किन्तु यहाँ आसन शब्द बैठने की विशेष स्थिति का नाम है।

परिभाषायें

महर्षि पतंजलि ने आसन की परिभाषा निम्न प्रकार की है – 'जिस अवस्था में शरीर स्थिरतापूर्वक और सुख से अधिक समय तक बैठने में सक्षम होता है, उसे आसन कहते हैं।'[1]

योग सूत्र के भाष्कार व्यासदेव जी आसन की परिभाषा करते हैं – 'जिस शरीर में कम्पन न हो और सुख हो, वही आसन है।'[2]

भक्तिसागर में चरणदास कहते हैं, 'चौरासी लाख योनियों के जीवन जन्तु जिस अवस्था या स्थिति का प्रयोग बैठने के लिए करते हैं, वही आसन है ।'[3]

भोज अपनी वृत्ति में कहते हैं – 'जिसके द्वारा बैठा जाए वह आसन कहलाता है। यह आसन जब स्थिर, निष्कम्प, सुखदायक तथा व्याकुलता करने योग्य न हो, तब योगाङ्गता को प्राप्त होता है।[4]

श्री ज्ञानेश्वरार्य कहते हैं – 'ईश्वर के ध्यान के लिए जिस स्थिति में सुखपूर्वक तथा स्थिरपूर्वक बैठ जाना, उस स्थिति का नाम आसन है।'[5]

स्वामी ब्रह्ममुनि जी कहते हैं – 'स्थिरपूर्वक शरीर का निश्चल रूप, जिसमें सुख हो, आसन है।'[6]

आचार्य उदयवीर शास्त्री अपने विद्योदय भाष्य में कहते हैं – 'जिस व्यक्ति को जो आसन अनुकूल लगे, उसी आसन का अभ्यास करते हुए उसी में स्थिरता प्राप्त करें। स्थिरता अर्थात् शरीर में कहीं की चंचलता का न होना। सुख अर्थात् अभिमत आसन से बैठते हुए शरीर के किसी अंग में व्यथा अनुभव न होना।'[7]

महर्षि दयानन्द जी कहते हैं कि – 'जिस आसन में सुखपूर्वक शरीर और आत्मा स्थिर हो आसन कहलाता है।'[8]

गोरक्ष संहिता के अनुसार – 'जो जीव जन्तु जिस आसन में बैठते हैं, उसे उसी आसन के नाम से जाना जाता है।'[9]

गीता के अनुसार – 'देह, सिर और गले को समान अर्थात् एक सीध में बिना हिले डुले अचल करके स्थिर रहना।'[10]

त्रिशिखिब्राह्मणोपनिषद् के अनुसार – 'समस्त वस्तुओं में उदासीन भाव ही आसन है।'**11**

डॉ. ईश्वर भारद्वाज जी कहते हैं कि – 'आसन का अर्थ है, बैठने की विशेष स्थिति अर्थात् शरीर को बिना हिलाए डुलाए या चित्त में किसी प्रकार का उद्वेग हुए बिना चिरकाल तक निश्चल होकर एक ही स्थिति में सुखपूर्वक बैठना आसन है।[12] अन्यत्र वे सूत्र के भाव को इस प्रकार कहते हैं – 'स्थिरतापूर्वक सुख से अधिकतम बैठने के अभ्यास को आसन कहा जाता है।'[13]

विभिन्न ग्रंथों में वर्णित आसनों की संख्या

पंतजलि के अष्टांग योग में यम–नियम के बाद तीसरा स्थान आसन है। अन्य कई उपनिषदों तथा शास्त्रों में भिन्न भिन्न स्थान हैं, जैसे – शाण्डिल्योपनिषद् के अष्टांग योग में तीसरा स्थान, ध्यानबिन्दु उपनिषद् के शडङ्ग योग में प्रथम स्थान, तेजोबिन्दु उपनिषद् के पंचदश अंगों में सप्तम स्थान आदि। किन्तु आसनों का पूर्ण वर्णन हठयोग के ग्रंथों में ही उपलब्ध है। हठयोगप्रदीपिका में आन का योगाभ्यास में प्रथम स्थान है। उपनिषदों में आसन का उल्लेख अवश्य आता है किन्तु उनका विस्तार नहीं किया गया है। अमृतनादोपनिषद् तथा श्वेताश्वतरोपनिषद् में आसन का उल्लेख मात्रा है। उनकी परिभाषा तथा वर्गीकरण आदि का वर्णन नहीं है। कुछ उपनिषदों और ग्रंथों में आसनों के भेदों का वर्णन निम्नवत् है –

सर्वप्रथम महर्षि पंतजलि ने आसन की कोई व्याख्या नहीं की है। उन्होंने केवल आसन के फल के विषय में ही बताया है। महर्षि पंतजलि में 'स्थिर सुखमासनम्' अर्थात् स्थिर और सुखपूर्वक बैठने का नाम आसन कहा है।

हठयोग के ग्रंथ घेरण्ड संहिता में चौरासी लाख आसन चौरासी लाख योनियों के आधार पर बताये गये हैं।[14] इनमें चौरासी आसन मुख्य हैं तथा उनमें भी बत्तीस आसन मुख्य बताये हैं, जो कि निम्न हैं – सिद्धासन, पद्मासन, भद्रासन, मुक्तासन, वज्रासन, स्वस्तिकासन, सिंहासन, गोमुखासन, वीरासन, ध्नुरासन, मृतासन, गुप्तासन, मत्स्यासन, मत्स्येन्द्रासन, गोरक्षासन, पश्चिमोतानासन, उत्कटासन, संकटासन, मयूरासन, कुक्कुटासन, कूर्मासन, उत्तानकूर्मासन, मण्डूकासन, उत्तानमण्डूकासन, वृक्षासन, गरूड़ासन, वृशासन, शलभासन, मकरासन, उष्ट्रासन, भुजंगासन और योगासन।[15]

हठप्रदीपिका में पन्द्रह आसनों को मुख्य बताया गया है । यथा – स्वस्तिकासन, गोमुखासन, वीरासन, कूर्मासन, कुक्कुटासन, उत्तानकूर्मासन, धनुरासन, मत्स्येन्द्रासन, पश्चिमोत्तानासन, मयूरासन, शवासन, सिद्धासन, पद्मासन, सिंहासन तथा भद्रासन।

जाबालदर्शनोपनिषद् में नौ प्रकार के आसन कहे गये हैं – स्वस्तिकासन, गोमुख असन, पद्मासन, वीरासन, सिहांसन, भद्रासन, मुक्तासन, मयूरासन तथा सुखासन।[16] इनका विधि सहित वर्णन किया गया है। त्रिशिखिब्राह्मणोपनिषद में स्वस्तिकासन, गोमुखासन, वीरासन, योगासन, पद्मासन, बद्धपद्मासन, कुक्कुटासन, उत्तानकूर्मासन, धनुरासन, सिंहासन, मयूरासन, भद्रासन, मुक्तासन, सिंहासन, मत्स्यासन, पश्चिमोत्तानासन, सुखासन का विधि पूर्वक वर्णन किया गया है। योगचूड़ामण्युपनिषद् में योग के छः अंग हैं, इसका प्रथम अंग आसन है। इसमें दो आसन बताये गये हैं – सिद्धासन तथा पद्मासन अर्थात् कमलासन।[17] योगकुण्डल्युपनिषद् में दो आसन कहे गये हैं – पहला पद्मासन, दूसरा वज्रासन।[18] अमृतनादोपनिषद् में तीन आसन बताये गये हैं – पद्मासन, स्वस्तिकासन, भद्रासन।[19] योगत्योपनिषद् में चार आसन प्रमुख बताये हैं – सिद्धासन, पद्मासन, सिहांसन और भद्रासन।[20] श्रीमद्भागवतपुराण में पद्मासन, सिद्धासन व कल्पितासन को प्रमुखता दी गई है। ध्यानबिन्दूपनिषद् में योग के छः अंग हैं, प्रथम अंग आसन है। आसन के बारे में कहा है कि विश्व में जितने जीव प्रजातियाँ हैं, उतनी ही आसनों की विधियाँ भी बताई गई हैं।[21] इसी में अगले मंत्र में कहा गया है कि सिद्धासन, भद्रासन, सिहांसन तथा पद्मासन ये चार प्रमुख आसन हैं।[22] वाराहोपनिषद् में ग्यारह आसन प्रमुख हैं – चक्रासन, पद्मासन, कूर्मासन, मयूरासन, कुक्कुटासन, वीरसन, स्यस्तिकासन, भद्रान, सिहांसन, मुक्तासन तथा गोमुखासन।

श्री ओमानन्द तीर्थ जी ने 'पातंजल योगप्रदीप' में छप्पन से भी अधिक आसनों को चित्रों, विधियों व लाभों सहित वर्णित किया गया है।

श्रीपाद दामोदर सातवलेकर जी ने अपने ग्रथ 'योग के आसन' में अड़तालीस आसनों को चित्रों सहित वर्णन करते हुए उनकी विधि व लाभ का वर्णन किया है।

डॉ. ईश्वर भारद्वाज ने 'सरल योगासन' पुस्तक में चित्रों, विधि व लाभ सहित अड़सठ आसनों का सरल व सुन्दर विवेचन किया है।

भोजवृत्ति के अनुसार जिसके द्वारा बैठा जाए आसन कहलाता है। वह पद्मासन, दण्डासन, स्वस्तिकासन आदि है। वह आसन जब स्थिर अर्थात् निष्कम्प सुखरूप और व्याकुलता करने योग्य न हो, तब योगाङ्गता को प्राप्त होता है।[23]

डॉ. ईश्वर भारद्वाज जी अपने ग्रन्थ 'सरल योगासन' में कहते हैं कि आसनों के तीन प्रकार किये जा सकते हैं, यथा –

(1) व्यायामात्मक आसन – जिन आसनों के अभ्यास से शरीर का व्यायाम होता है तथा शरीर निरोग व मजबूत बनता है, वे शरीर संवर्धनात्मक अर्थात् व्यायामात्मक आसन कहलाते हैं, जैसे – मयूरासन, सर्पासन, धनुरासन, भुजंगासन आदि।

(2) विश्रामत्मक आसन – जिन आसनों के द्वारा शारीरिक व मानसिक थकान दूर होकर स्फूर्ति का संचार होता है, उन्हें विश्रामात्मक आसन कहते हैं, जैसे – शवासन, मकरासन, बालासन, शशांकासन आदि

(3) ध्यानात्मक आसन – ध्यान, पूजा पाठ आदि के लिए प्रयुक्त होने वाले आसनों को ध्यानात्मक आसन कहते हैं, जैसे – पद्मासन, सिद्धासन, वज्रासन आदि।[24]

कुछ विद्वानों का मत है कि आसन दो प्रकार के होते हैं – ध्यानात्मक तथा स्वास्थ्य संवर्धनात्मक आसन ।

आसनों के विषय में कहा गया है कि अभ्यास की दृष्टि से आसनों को पाँच प्रकार का कहा गया है – (1) चित्त लेटकर किए जाने वाले, (2) पेट के बल लेट कर किए जाने वाले, (3) बैठकर किए जाने वाले, (4) खड़े होकर किए जाने वाले तथा (5) विपरीत स्थिति में खड़े होकर किए जाने वाले आसन –

(1) जैसे – उत्तनपाद आसन, हलासन

(2) जैसे – भुजंगासन, धनुरासन, शलभासन

(3) जैसे – पद्मासन, सिद्धासन, स्वस्तिकासन

(4) जैसे – वृक्षासन, ताड़ासन, कटिचक्रासन

(5) जैसे – शीर्शासन, ऊर्ध्व सर्वांगासन

अतः उपरोक्त विवेचन के अनुसार हम कह सकते हैं कि विभिन्न ग्रंथों में आसनों की भिन्न भिन्न संख्या है, परन्तु इन आसनों में भी योगी चार को ही सबसे ज्यादा महत्व देते हैं। ये चार आसन निम्न हैं – सिद्धासन, पद्मासन, स्वस्तिकासन, सिहांसन ।

शाण्डिल्योपनिषद् के अनुसार आसनों के प्रकार

शाण्डिल्योपनिषद् में आठ प्रकार के आसन कहे गये हैं – स्वस्तिक, गोमुख, पद्म, वीर, सिंह, भद्र, मुक्त और मयूरासन।[25]

प्रायः सभी यौगिक ग्रंथों में ग्रंथकारों ने आसनों की विधि को अपनी अपनी भाषा में परिभाषित किया है, किन्तु सभी का उद्देश्य आसनों की विधि ा को सरलतापूर्वक बताने का ही ध्येय रहा है । अतः शाण्डिल्योपनिषद् में आसनों का विधि सहित वर्णन निम्न है –

1. स्वस्तिकासन – पैर के दोनों तलवों को दोनों जानुओं के बीच में बराबर रखकर सीधा बैठना, स्वस्तिकासन कहलाता है।[26]
2. गोमुखासन – पीठ के बायीं ओर दायाँ टखना एवं दायीं ओर बायाँ टखना जोड़कर गोमुख के समान बैठना गोमुखासन कहलाता है।[27]
3. पद्मासन – दोनों जंघाओं के ऊपर दोनों पैरों के तलवों को रखकर दोनों हाथों से दोनों पैरों के अँगूठों को उल्टी तरह से पकड़कर रखना पद्मासन कहलाता है ।[28]
4. वीरासन – एक जाँघ को एक पैर से तथा दूसरी जाँघ को दूसरे

पैर से जोड़कर बैठने को ही वीरासन कहा जाता है।[29]

5. सिहांसन – दाहिने टखनों के साथ बायाँ टखना तथा बायें टखने के साथ दायें टखने को लगाकर बैठ जाना और दोनों हाथों को दोनों घुटनों पर रखकर अँगुलियों को फैलाकर रखना चाहिए, इसके पश्चात् ठीक तरीके से एकाग्र चित्त होकर मुँह फैलाकर नासिका के अग्रभाग पर दृष्टि स्थिर करनी चाहिए। इसी को सिहांसन कहते हैं।[30]

6. भद्रासन – लिङ्ग के नीचे की ओर सीवनी प्रदेश में दोनों टखनों को स्थिर करके तथा हाथों से पैरों के दोनों पार्श्वों को मजबूती से पकड़कर निश्चलता पूर्वक बैठने को भद्रासन कहते हैं। यह सभी तरह की व्याधि तथा विश आदि को नष्ट करने वाला है।[31]

7. मुक्तासन – सूक्ष्म सीवनी प्रदेश को बायें टखने के द्वारा दबा करके दायें टखने से बायें टखने को दबा कर बैठना ही मुक्तासन कहलता है।[32]

8. मयूरासन – दोनों हाथों की हथेलियों को भूमि पर टिका कर स्थिर करना तथा हाथ की कोहनियों से नाभि के दोनों ओर दबा करके बैठना चाहिए। तत्पश्चात् मस्तक और पैरों को ऊर्ध्व की ओर उठाकर लकड़ी की तरह से आकाश में अधर स्थिर रखना ही मयूरासन कहलाता है। यह आसन सभी पापों को नष्ट करने वाला है।[33]

शाण्डिल्योपनिषद् में आसनों के फल के विषय में कहा गया है कि इन सभी आठ आसनों को करने से शरीर के अन्दर उपस्थित रहने वाली सभी तरह की व्याधियाँ समाप्त हो जाती हैं तथा सभी तरह के विषय अपने आप समाप्त हो जाते हैं।[34] एक अन्य मन्त्र में कहा गया है कि जो साधक इन सभी आनों में सिद्धि पा लेता है, वह तीनों लोक जीत लेता है।[35]

व्यास भाष्य में उल्लिखित आसनों का प्रकार

व्यास जी ने अपने भाष्य में आसनों की संख्या 9 बताई है। वे आसन इस प्रकार हैं – पद्मासन, भद्रासन, स्वस्तिकासन, दण्डासन, सोपाश्रय (सहारे के साथ आसन), पर्यङ्कासन, क्रौंचनिपदन (हाथी की तरह बैठना), ऊष्ट्निषदन (ऊँट की तरह बैठना) और समसंस्थान। ये सब आसन स्थिर तथा सुख देने वाले हैं। यथा सुखम्पद्मासनादि आसनों में से योगी को उपासना अर्थात् साधना में जिससे सुख मिले, उसी का अभ्यास करना चाहिए। अन्य आसन सुखपूर्वक बैठने के प्रकार हैं।[36]

हठयोगप्रदीपिका तथा घेरण्ड संहिता में वर्णित आसनों का स्वरूप

हठयोगप्रदीपिका में आसनों का वर्णन करते हुए कहा गया है कि हठयोग का प्रथम अंग आसन है। अतः सर्वप्रथम उसका वर्णन करते हैं। आसन करने से शरीर में स्थिरता आती है, चंचलता दूर हो जाती है, आरोग्य तथा शरीर में हल्कापन लाता है।1 हठयोगप्रदीपिका में पन्द्रह आसनों का वर्णन किया गया है। आसनों का वर्णन निम्नलिखित है –

1. स्वस्तिकासन – इस आसन में साधक के पैरों की स्थिति स्वस्तिक चिन्ह के समान हो जाती है, इसलिए इसका नाम स्वस्तिक आसन है।

2. गोमुखासन – इस आसन की स्थिति में साधक के शरीर की स्थिति गाय के मुख्य के समान हो जाती है, इसलिए इसका नाम गोमुखासन रखा गया है।

3. वीरासन – इस आसन से वीरों के समान धैर्य की प्राप्ति होती है, इसलिए इसे वीरासन कहते हैं।

4. कूर्मासन – इस आसन में साधक के शरीर की स्थिति कछुए की तरह हो जाती है, इसलिए इसे कूर्मासन कहा जाता है।

5. कुक्कुटासन – इस आसन में साधक के शरीर की स्थिति मुर्गे के समान हो जाती है, इसलिए इसे कुक्कुटासन कहा जाता है।
6. उत्तनकूर्मासन – कूर्मासन की स्थिति को खींचकर रखने को उत्तन कूर्मासन कहा गया है।
7. धनुरासन – इसमें शरीर की आकृति धनुष के समान हो जाती है, इसलिए इसको धनुरासन कहा जाता है।
8. मत्स्येन्द्रासन – इस आसन का नाम मत्स्येन्द्रनाथ योगी के नाम पर रखा गया है।
9. पश्चिमोतानासन – इस आसन की स्थिति में शरीर के पृष्ठ भाग में खिंचाव उत्पन्न होता है, इसलिए इसका नाम पश्चिमोत्तानासन रखा गया है।
10. मयूरासन – इस आसन में शरीर की स्थिति मयूर के समान हो जाती है, इसलिए इसका नाम मयूरासन है।
11. शवासन – इस आसन में शरीर की स्थिति शव के समान हो जाती है, इसलिए इसे शवासन कहा जाता है।
12. सिद्धासन – इस आसन से साधक को अनायास ही अनेक सिद्धियां प्राप्त हो जाती हैं, इसलिए इसको सिद्धासन कहा जाता है।
13. पद्मासन – इस आसन में साधक के पैरों की स्थिति कमल की पंखुड़ियों के समान हो जाती है, इसलिए इसको पद्मासन कहा जाता है।
14. सिंहासन – इस आसन से साधक सिंह के समान बलवान तथा निडर हो जाता है, इसलिए इसे सिंहासन कहा जाता है।
15. भद्रासन – इस आसन का अभ्यास गोरक्ष आदि महान योगी एवं भद्र पुरूषों ने किया है, इसलिए इसका नाम भद्रासन रखा गया।

16. मुक्तासन – इस आसन में सिवनी नाड़ी मुक्त रहती है इसलिए इस आसन का नाम मुक्तासन पड़ा।

17. गुप्तासन – इस आसन के अभ्यास में दोनों पांवों को छुप कर रखते हैं, इसलिए इसे गुप्तासन कहते हैं।

18. वृक्षासन – इस आसन में शरीर वृक्ष के समान स्थिर रहता है, इसलिए इसे वृक्षासन कहते हैं।

19. गोरक्षासन – इस आसन का अभ्यास गोरक्षानाथ योगी किया करते थे, इसलिए इसका नाम गोरक्षासन रखा गया है।

20. भुजंगासन – इस आसन में शरीर की आकृति सर्प के फन के समान हो जाती है, इसलिए इसे सर्पासन या भुजगासन कहते हैं।

21. मकरासन – इस आसन में शरीर की आकृति आराम करने वाले मगर के समान हो जाता है, इसलिए इसे मकरासन कहते हैं।

22. मण्डूकासन – इस आसन में शरीर की आकृति मेंढ़क की भांति दिखाई देती है, इसलिए इसे मण्डूकासन कहा जाता है।

– – – – – – – – – –

1. स्थिरसुखमासनम् (योगसूत्रा – 2/46)
2. समसंस्थानम् स्थिर सुखम् यथा सुखं चेत्येवमादीनि। (व्यास भाष्य – 2/46)
3. चौरासी लाख असन जानो। योनिन की बैठक पहिचानो। चरणदास, भक्तिसागर
4. आस्यतेऽनेनेत्यासनं – तद्यथा स्थिरं निष्कम्पं सुखमनुद्वेजनींय च भवति तथा योगाङ्ग तांभजते (भोजवृत्ति – 2/46 पर)
5. गोयदर्शन (हिन्दी भाष्य) श्री ज्ञानेश्वरार्य, पृष्ठ 32
6. आर्ष योग प्रदीपिका, पृष्ठ 106, स्वामी ब्रह्म मुनि जी

7. योगदर्शनम् (विद्योदय भाष्यम्) ले. श्री उदवीर, पृष्ठ 15

8. ऋग्वेदादि भाष्यभूमिका – उपासना विषय – स्वामी दयानन्द सरस्वती

9. आसनानि तु तावन्तो यावन्तो जीव जनत्यः (गोरक्ष संहिता)

10. समं कायशिरोग्रीवं धरयत्रचलं स्थिरः। सम्प्रेक्ष्य नासिकागं स्वं दिशश्चानवलोकयन् । (गीता – 6/13)

11. सर्ववस्तूयुदासीनभावमासनमुतमम् (त्रिशिखि. उप. 2)9

12. सरल योगासन (भूमिका) – डॉ. ईश्वर भारद्वाज

13. औपनिषदिक अध्यात्मं विज्ञान, पृष्ठ 93, डॉ. ईश्वर भारद्वाज

14. आसनानि समस्तानि यावन्तो जीवजन्तवः चतुरशीति लक्षाणि शिवेन कथितानि च।

    तेषां मध्ये विशिष्टानि षोडशोन शतं कृतम्। तेषां मध्ये मृर्त्यलौकद्वात्रिंशदासनं शुभम्। (घेरण्ड सं. 2/1.2)

15. सिद्ध पद्मं तथा भद्रं मुक्तं वज्रं च स्वस्तिकम्। सिंह च गोमुखं वीर धनुरासनमेव च।

    मृतं गुप्तं तथा मात्स्यं मत्स्येन्द्रासनमेव च। गोरक्षं पश्चिमोत्तानमुत्कट। सङ्कटं तथा।

    मयूरं कुक्कुटं कूर्मं तथा चोतानकूर्मकम्। उत्तानमण्डूकं वृक्षं मण्डुकं गरूड़। वृशम्

    शलभं मकरं चोष्ट्रं भुजङ्ग योगमासनम्। द्वात्रिंशदासनान्येव मृर्त्यं सिद्धिप्रदानि। (घेरण्ड सं. 2/3, 4, 5, 6)

16. स्वास्तिकं गोमुखं पद्मं वीरसिंहासने तथा। भद्रं मुक्तासनं चैत्र मयूरासनमेव च।

    सुखासनसमाख्यं च नवमं मुनिपुङ्गव। (जावालदर्शन. – 3/1.2)

17. एक सिद्धासनं प्रोक्तं द्वितीय कमलासनम् (योगचूड़ामण्यु. – 3)

18. आसनं द्विविधं प्रोक्तं पद्मं वज्रासन तथा। (योगकुण्डल्यु. – 1/4)

19. पद्मकं स्वस्तिक वापि भद्रासनमपि वा। (अमृतनाद. – 19)

20. सिद्धं पद्मं तथा सिंह भद्रं चेति चतुश्टयम् (योगतत्त्वो. – 29)

21. आसनानि च तावन्ति यावन्तो जीवजातयः। (ध्यानबिन्दू. – 42)

22. सिद्धं भद्रं तथा सिंहं पद्मं चेति चतुश्टयम्। (ध्यानबिन्दू. – 43)

23. आस्यतेऽनेनेत्यासनं पद्मासन अङ्गस्वस्तिकासनादि। तद्यदास्थिरं निष्कम्पं भ्यं सुखं मनुद्वेजीनीयम्। च भवतिलतथा योगाङ्गता भजते। (व्यासभाष्य – 246 पर)

24. सरल यागासन – डॉ. ईश्वर भारद्वाज (भूमिका)

25. स्वस्तिकगोमुखपद्मवीरसिंहभद्रमुक्तमयूराख्यान्यासनान्यष्टौ। (शाण्डिल्य. – 1/3/1)

26. स्वस्तिकं नाम जानूर्वोस्तरे सम्यक्कष्त्वा पादतले उभे।

ऋजुकायः समासीनः स्वस्तिकं तत्प्रचक्षते। (शाण्डिल्य. – 1/3/1)

27. सव्ये दक्षिणगुल्फं तु पृष्ठपार्श्व नियोजयेत्।

दक्षिणेऽपि तथा सव्यं गोमुखं यथा। (शाण्डिल्य. – 1/3/2)

28. अङ्गुष्ठेन निबध्नीयाद्धस्ताभ्यां व्युत्क्रमेण च। ऊर्वोरूपरि शाण्डिल्य कृत्वा पादतले उभे। पद्मांसन भवेदेतत्सर्वेषामपि पजितम्। (शाण्डिल्य. 1/3/3)

29. एकं पादमथैकस्मिन्विन्यस्योरूणि संस्थितः।

इतरस्मिंस्तथा चोरू वीरासनमुदीस्तिम्। (शाण्डिल्य. 1/3/4)

30. दक्षिण सव्यगुल्फेन दक्षिणेन तथेतरम्। हस्तो च जान्वोः संस्थाप्य स्वाङ्गुतीश्च प्रसार्य च।

व्यत्तवक्त्रो निरीक्षेत नासाग्रं सुसमाहितः। सिंहासनं भवेदेतत्पूजितं योगिभिः सदा। (शाण्डिल्य. – 1/3/5, 6)

31. गुल्फौ तु वृषणस्याधः सीवन्याः पार्श्वयोः क्षिपेत् पादपार्श्वेतु पाणिभ्यां दृढ़ं बद्धा सुनिश्चलम्। भद्रासनं भवेदेतत्सर्वव्याधिविषापहम्। (शाण्डिल्य. – 1/3/8)

32. संपीडय सीवनी सूक्ष्मां गुल्फेनैव तु स्वयम्। सव्यं दक्षिणगुल्फेन मुक्तासनमुदीस्तिम् (दाण्डिल्य. – 1/3/)

33. अवष्टभ्य धरां सम्यक्तलाभ्यां तु करद्वयोः। हस्तयोः कूर्परौ चापि स्थापयेन्नाभिपार्श्वयोः।

समुन्नतशिराः पादो दण्डवद्व्योम्नि संस्थितः। मयूरासनमेततु सर्वपापप्रणाशनम्। (शाण्डिल्य. – 1/3/10–11)

34. शरीरान्तर्गताः सर्वे रोगा विनश्यन्ति। विषाणि जीर्यन्ते। (शाण्डिल्य. – 1/3/12)

35. येनासनं विजितं जगत्त्रयं तेन विजितं भवति। (शाण्डिल्य. – 1/3/14)

36. तद्यथा पद्मासनं भद्रासनं स्वस्तिक दण्डासनं सोपाश्रयं पर्यङ्क क्रौंचनिषदनं हस्तिनिषदनमुष्टुनिषदनं समसंस्थानं स्थिरसुख यथा सुखं चेत्येवमादीनि । (योग सूत्र – 2/46 व्यास भाष्य पर)

चतुर्थ अध्याय
शारीरिक सुयोग्यता में आसनों की उपयोगिता

योग साधना में आसनों का महत्व

योग शास्त्रों में योगसाधना हेतु आसनों की उपयोगिता अक्षुण्ण है। चाहे हठयोग के ग्रंथ हों, उपनिषदें हों, पांतजल योग हो – सभी में आसनों को योगसाधना में महत्वपूर्ण घटक बताया गया है। त्रिशिखिब्राह्मणोपनिषद में तो आसनों के लिए यहाँ तक कह दिया गया है कि 'जिस मनुष्य ने आसनों को अपने वश में कर लिया उसने तीनों लोकों को मानो अपने वश में कर लिया अर्थात् जीत लिया समझना चाहिए।[1]

आसन का योगाङ्गों में तृतीय स्थान है। 'आसन्' उपवेशन[2] धातु से ल्युडन्त में 'आसन' शब्द स्थिरता से बैठने का याची है। अतः योगाभ्यासी स्थिरता से किसी एक स्थिति में बैठे, जिससे कि वह एक प्रहर या तीन घंटे तक बिना कष्ट के बैठ सके।

पंतजलि 'स्थिर' और 'सुखपूर्वक' बैठने की सिद्धि को ही आसन कहते हैं।[3] स्थिर होना अर्थात् चंचलता न होना और सुखपूर्वक बैठना अर्थात् बैठने में कष्ट की अनुभूति न हो तथा आराम से सीधा बैठकर अनन्त में ध्यान लगाते हुए स्थिर रहने से आसन जय की स्थिति होती है। इस प्रकार यह स्थिति योगाभ्यास में नैरन्तर्य में बड़ी साधक होती है।[4] आसन के सिद्ध होने पर विघ्न नहीं सताते। इससे योग साधक को साधना में कष्ट आदि की अनुभूति नहीं होती। योगाभ्यासी सुख दुख, गर्मी सर्दी, भूख प्यास आदि द्वन्द्वो (कष्टों) से पीड़ित नहीं होता।[5]

व्यास जी ने भी अपने भाष्य में स्थिर और सुखपूर्वक बैठने के संदर्भ में विचार करते हुए कहा कि 'पद्मासन, भद्रासन, स्वस्तिकासन, दण्डासन, सोपाश्रय, पर्यङ्कासन, क्रोंचनिषदन, हस्तिनिषदन, उष्ट्रनिपदन, समसंस्थान– ये सब आसन स्थिर तथा सुख देने वाले हैं।[6]

स्वामी दयानन्द जी कहते हैं कि 'जिसमें सुखपूर्वक शरीर और आत्मा स्थिर हों, उसको आसन कहते हैं।[7]

गीता में भी कहा है कि 'शुद्ध भूमि में, जिसके ऊपर क्रमशः कुशा, मृगछाला और वस्त्र बिछा हो, जो न बहुत ऊँचा हो और न बहुत नीचा, ऐसे अपने आसन को स्थिर स्थापन करके और उस आसन पर बैठकर चित्त और इन्द्रियों को क्रियाओं को वश में रखते हुए मन को एकाग्र करके अन्तःकरण की शुद्धि के लिए योग का अभ्यास करें।[8]

हठयोग प्रदीपिका एवं घरेण्ड संहिता में वर्णित आसनों की विधि एवं लाभ

हठयोग प्रदीपिका में आसनों का वर्णन करते हुए कहा गया है कि हठयोग का प्रथम अंग आसन है। आसन करने से शरीर में स्थिरता आती है, चंचलता दूर हो जाती है, आरोग्य तथा षरीर में हल्कापन लाता है।[9] आसनों की विधि एवं लाभ निम्नलिखित हैं –

1. **स्वस्तिकासन की विधि** – जानु तथा जंघा के मध्य दोनों पाद तलों को रखकर शरीर को सीधा रखते हुए बैठना ही स्वस्तिकासान है।

जानूर्वोरन्तरे सम्यक्कृत्वा पादताले उभे।

ऋजुकायः समासीनः स्वस्तिकं तत् प्रचक्षते।[10]

लाभ –

1. इस आसन से सुखपूर्वक देर तक बैठ सकते हैं और यह आसन आपके जीवन को आनन्दमय बनाता है।

स्वास्तिकासन

2. यह ध्यानात्म आसन है, जिससे मन सरलता से एकाग्रचित हो जाता है।
3. इस आसन से साधक सहजता से योग प्राणायाम, प्रत्याहार धारणा ध्यान तथा समाधि का अभ्यास कर सकता है।
4. इस आसन का नियमित अभ्यास करने से सर्दियों में बहुत ठंडे रहने वाले गर्म रहने लगते हैं।
5. यह आसन पांव के दर्द को दूर करता है।
6. इस आसन से लिंग और योनी के रोग दूर होते हैं।
7. इस आसन के अभ्यास से तनाव एवं चिन्ता में बहुत सकारात्मक प्रभाव पड़ता है।
8. यदि इस आसन को सम्यक रूपेण किया जाए तो कमर दर्द दूर करने में सहायता मिलती है।
9. यह आसन वायु रोग दूर करता है और पाचन शक्ति में वृद्धि करता है।

2. गोमुखासन की विधि – दाहिने टखने को कटि के वाम भाग में तथा बाएं टखने को दायें भाग में रखने से गाय के मुख्य के समान आकृति बनती है, इसको गोमुखासन कहा जाता है।

सव्ये दक्षिणगुल्फं तु पृष्ठापार्श्व नियोजयेत्।

दक्षिणेऽपि तथा सव्यं गोमुखं गोमुखाकृति।[11]

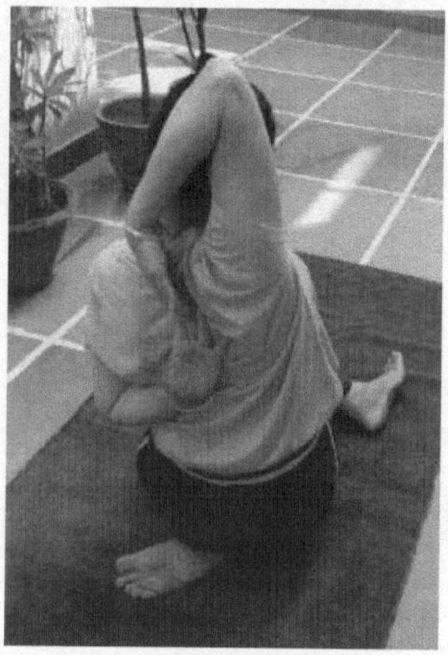

गोमुखासन

लाभ –

1. इस आसन से शरीर पुष्ट और लचीला होता हैं।
2. अण्डकोष वृद्धि की रोकथाम करता है।
3. मधुमेह, पीठ दर्द, ग्रीवा के दोश तथा श्वास सम्बन्धी रोगों में लाभदायक है।
4. यह जप स्वाध्याय आदि के लिए भी उत्तम है।
5. महिलाओं के स्तनों का आकार बढ़ाने में सहायक होता है।

3. वीरासन की विधि – एक पाँव को बाँयी जंघा पर तथा दूसरे पाँव को दाँयी जंघा के नीचे रखकर बैठने की स्थिति को वीरासन कहते हैं।

एकं पादतथैकस्मिन् विन्यसेदूरूणि स्थितम्।

इतरस्मिंस्तथा चोरूं वीरासनमितीरितम्।[12]

वीरासन

लाभ –

1. इस आसन में देर तक बैठकर भजन, जप, तप, चिंतन, इंश्वरोपसाना आदि का अभ्यास किया जा सकता है।
2. इससे मन वीरों के समान दृढ़ होता है।
3. पैर भी पुष्ट होते हैं।
4. यह आसन आलस्य को दूर करता है।
5. कमर पतली एवं छाती चौड़ी होती है।
6. इस आसन के अभ्यास से स्त्रियों के मासिक धर्म सम्बन्धी दोष दूर करने में सहायता मिलती है।

4. कूर्मासन की विधि – दोनों गुल्फ (टखनों) के द्वारा विपरीतक्रम से अर्थात् दक्षिण से वाम तथा वाम से दक्षिण गुल्फ को क्रास करके उन पर गुदा को रखकर बैठने को कूर्मासन कहते हैं।

गुदं निरूध्य गुल्फाभ्यां व्युत्क्रमेण समाहितः।

कूर्मासन भवेदेतदिति योगविदो विदुः।[13]

कूर्मासन

लाभ –

1. इस आसन के अभ्यास से शरीर में उशणता का प्रभाव अधिक हो जाता है।
2. इससे मधुमेह, बवासीर तथा भगन्दर नहीं होते।
3. यह पेट के मोटापे को कम करता है।
4. इसके अभ्यास से कमर पतली, लचीली तथा सुन्दर लगने लगती है।
5. प्रतिदिन अभ्यास से हर्निया रोग एकदम ठीक हो जाता है।

5. **कुक्कुटासन की विधि** – पद्मासन लगाकर घुटनों तथा जंघाओं के मध्य से दोनों हाथों को डालकर दोनों हथेलियों को भूमि पर टिकाकर शरीर को आकाश में स्थिर रखने को ही कुक्कुटासन कहते हैं।

पद्मासनं तु संस्थाप्य जानूर्वोरन्तरे करौ।

निवेभय भूमौ संस्थाप्य व्योमस्थं कुक्कुटासनम्।[14]

कुक्कुटासन

लाभ –

1. इसके अभ्यास से हाथ व पैर पुष्ट होते हैं।
2. यह आसन जठराग्नि प्रदीप्त करता है।
3. उदर के अंग पुष्ट होते हैं।
4. वीर्य को ऊर्ध्वगामी करने में लाभदायक है।
5. इस आसन से हाथ, पीठ, कंधों की पीड़ा दूर होती है।

6. उत्तनकूर्मासन की विधि – कुक्कुटासन लगाकर दोनों हाथों से गले को पकड़ कर कछुए की भांति चित् लेट जाने को उत्तनकूर्मासन कहा जाता है।

कुक्कुटासनवन्धस्यो दोर्भ्या सम्बध्य कन्धराम्।

भवेत् कूर्मवदुतान एतुदुत्तानकूर्मकम्।[15]

उत्तनकूर्मासन

लाभ –

1. इसके अभ्यास से शरीर लचीला, सुडौल, पुष्ट, बलिष्ठ तथा सुन्दर बनता है।
2. त्रिदोष सम रहते हैं। देहसन्धियाँ लचीली होने के कारण गठिया रोग उत्पन्न नहीं हो पाता।
3. यह आसन गर्दन की मांसपेशियों को शक्तिशाली बनाता है।
4. यह मेरूदण्ड को लचीला बनाता है।
5. पसीने की दुर्गन्ध को दूर करता है।

7. धनुरासन की विधि – पेट के बल लेटकर दोनों पैरों के अंगूठों को हाथों से पकड़कर कानों तथा धनुष के समान खींचें, उसे धनुरासन कहते हैं।

पादाघगुष्ठौ तु पाणिभ्यां गृहीत्वा श्रवणावधि।

धनुराकर्षणं कुर्यात् धनुरासनमुच्यते।[16]

धनुरासन

लाभ –

1. इस आसन के अभ्यास से मेरूदण्ड लचीली तथा हाथ व पैर पुष्ट होते हैं।
2. इससे कोष्ठबद्धता एवं उदर के अनेक विकार दूर होते हैं, तथा जठराग्नि प्रदीप्त होकर भूख बढ़ती है।
3. जनांग को संतुलित रखता है।
4. छाती, गर्दन और कंधों की जकड़न दूर करता है।
5. मलावरोध तथा मासिक धर्म में सहजता का लाभ होता है।
6. गुर्दे के कार्य को सुव्यवस्थित करता है।

8. मत्स्येन्द्रासन की विधि – बांयी जंघा के मूल में दाँये पैर को रखकर तथा बाँये पैर को दाँये घुटने के बाहर रखते हुए विपरीत हाथ से खड़े हुए घुटने को लपेटते हुए बाँये हाथ को पीछे पीठ पर रखकर बाँयी ओर गर्दन कमर मोड़कर पीछे देखें। इसी को मत्स्येन्द्रासन कहते हैं।

वामोरूमूलार्पित दक्षपादं जानाबर्हिवेष्टितवामपादम्।

प्रगृह्यतिष्ठेत् परिवर्तिताघ्ग: श्रीमत्स्यनाथोदितमासनंस्यात्।[17]

मत्स्येन्द्रासन

लाभ –

1. मत्स्येन्द्रासन के अभ्यास से जठराग्नि प्रदीप्त हो जाती है।
2. यह रोगों को नष्ट करने में अस्त्र के समान है।
3. इस आसन से कुण्डलिनी जाग्रत होती है तथा चन्द्रमण्डल स्थिर होता है।[18]
4. इस आसन के अभ्यास से कब्ज दूर होती है।
5. इस आसन के करने से पेट, पीठ, हाथ, पैर, कमर, गर्दन आदि का दर्द ठीक होता है।

6. छोटी व बड़ी आंतों के सभी रोग ठीक होते हैं।
7. मधुमेह और हर्निया रोग ठीक हो जाते हैं।

9. पश्चिमोतानासन की विधि – दोनों पेरों को भूमि पर दण्ड के समान फैला कर बैठे। दोनों हाथों से दोनों पैरों के अँगूठों को पकड़कर मस्तक को घुटनों के साथ लगायें। शरीर की इस स्थिति का नाम पश्चिमोत्तानासन है।

प्रसार्य पादौ भुवि दण्डरूपौ दोर्भ्यां पदाग्रद्वितयं गृहीत्वा।

जानूपरिन्यस्तललाटदेभाो वसेदिदं पभिचमतानमाहुः।[19]

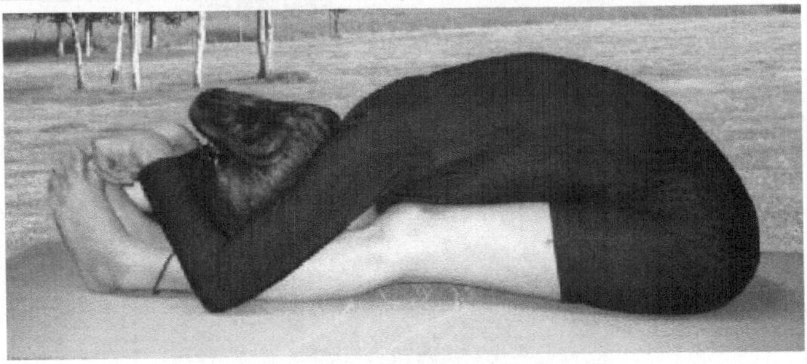

पश्चिमोतानासन

लाभ –

1. इस आसन के लाभ के विशय में हठयोग प्रदीपिका में कहा गया है कि इसके अभ्यास से प्राण सुषुम्ना नाड़ी में बहने लगता है तथा जठराग्नि प्रदीप्त करता है।
2. उदर पतला होता है तथा आरोग्य लाभ होता है।[20]
3. इस आसन से पैरों की नसें–नाड़ियाँ तथा स्नायु पुष्ट होते हैं। सम्पूर्ण शरीर सुडौल और लचीला हो जाता है।
4. इस आसन से शरीर की वायु ठीक रूप से कार्य करती है।
5. इस आसन के करने से रक्त संचार प्रणाली ठीक हो जाती है।

6. इस आसन के द्वारा बौनापन दूर होता है।
7. इस आसन से गुर्दे की पथरी, बहुमूत्र (जो मुख्य रूप से पेंक्रियॉज के कारण होता है) का रोग दूर होता है।
8. यह आसन साइनस के साथ साथ अनिद्रा के उपचार में भी लाभदायक है।

10. मयूरासन की विधि – दोनों हाथों को भूमि पर अच्छी तरह रखकर और दोनों कोहनियाँ को नाभि के पार्श्व भागों में लगाकर दण्ड के समान अधर में उठने को मयूरासन कहते हैं ।

धरामवष्टभ्य करद्वयेन तत्कूर्परस्थापितनाभिपार्श्वः।

उच्चासनो दण्डवदुत्थितः स्यान मायूरमेतत्! प्रवदन्ति पीठम्।[21]

मयूरासन

लाभ –

1. इसके लाभों का वर्णन करते हुए हठयोग प्रदीपिका में कहा गया है कि मयूरासन के द्वारा समस्त रोगों का नाश हो जाता है तथा उदरगुल्म आदि दोषों को दूर करता है।
2. अधिक तथा कुपथ्य भोजन को भी पचाने का काम करता है।
3. यह जठराग्नि को प्रदीप्त करता है।

4. यह आसन विष को भी पचाने की क्षमता रखता है।[22]
5. त्रिदोष (वात, पित्त, कफ) तथा गुल्म, कब्जादि दूर होते हैं। शरीर निरोग होता है ।
6. इससे मेरूदण्ड, गर्दन, कलाई, हथेलियाँ तथा अँगुलियाँ पुष्ट होते हैं।
7. शरीर में रक्त संचार बढ़ने से रक्त शुद्धि के द्वारा शरीर में तेज, कान्ति, लावण्यता बढ़ जाती है।
8. शरीर व मन संतुलित रहता है।

11. शवासन की विधि – मृत के समान साधक को भूमि पर पीठ के बल निद्रा के तुल्य लेट जाना शवासन कहलाता है। इसमें शरीर निश्चेष्ट रहता है।

उत्तानं शववद्भूमौ शयनं तच्छवासनम्।
शवासनं श्रान्तिहरं चित्तविश्रान्तिकारकम्।[23]

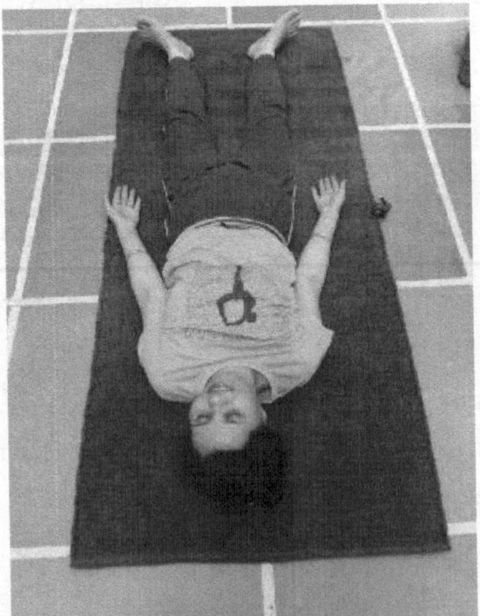

शवासन

लाभ –

1. सम्पूर्ण शरीर में रूधिराभिसरण कार्य ठीक रूप में होने लगता है।
2. इस आसन से शरीर व मन की थकान दूर हो कर चित्त शान्त होता है।

12. सिद्धासन की विधि – एक पैर की एड़ी को सीवनी अर्थात् गुदा एवं उपस्थ के मध्य में अच्छी तरह लगाकर तथा दूसरे पैर की एड़ी को उपस्थ अर्थात् शिश्न के ऊपर दृढ़ता से रखें, चिबुक को हृदय प्रदेश पर अच्छी तरह स्थापित कर, इन्द्रियों को संयमित कर तथा दोनों भौहों के मध्य में देखता हुआ निश्चल भाव से बैठना है, यह सिद्धासन कहलाता है ।

योनिस्थानकमघ्ध्रिमूलघटितं कृत्वा दृढं विन्यसेमेण्ढ़े
पादमथैकमेव हृदये कृत्वा हनुं सुस्थिरम्।
स्थाणुः संयमितेन्द्रियोचलदृशा पश्येद् भ्रुवोरन्तरम्
होतन्मोक्षकपाटभेदजनकं सिद्धासनं प्रोच्यते।[24]

सिद्धासन

लाभ –

1. इस आसन में साधक योग सिद्धियाँ प्राप्त करता है।
2. इसमें साधक अपनी दृष्टि को भौहों के मध्य में रखकर मन को एकाग्र करता है।
3. इस आसन को लगाकर ध्यान में बैठने से मूलाधार चक्र शीघ्र सक्रिय हो जाता है।
4. जिससे सुषुम्ना मार्ग खुलना, प्राण तथा शुक्र ऊर्ध्वगामी होना, इन्द्रियों का संयमन तथा मन की स्थिरता आदि साधक को प्रत्यक्ष अनुभव के रूप में आने लगते हैं।
5. मस्तिष्क की शक्ति बढ़ती है।
6. इस आसन के द्वारा प्राण की गति को अपने वश में किया जा सकता है।

13. पद्मासन की विधि – बाँयी जंघा के ऊपर दाहिने पाँव को तथा दाँयी जंघा के ऊपर बाँये पाँव को स्थापित कर तत्पश्चात् कमर के पीछे दोनों हाथों को ले जाकर दाहिने हाथ से दाहिने पैर का अंगूठा तथा बाँये हाथ से बाँये पैर का अंगूठा पकड़कर कण्ठकूप में ठुड्डी को लगा कर नासाग्रदृष्टि रखने से पद्मासन होता है।

वामोरूपरि दक्षिणं च चरणं संस्थाप्य वामं तथा दक्षोरूपरि,
पभिमेन विध्निा धृत्वा कराभ्यां दृढम्।
अघ्गुच्छौ हृदये निधय चिबुकं नासाग्रमालोकयेत्
एतद्व्याधिविनाभाकारि वमिनां पद्मासनं प्रोच्यते।[25]

लाभ –

1. हठयोग प्रदीपिका में कहा गया है कि यह सभी प्रकार की व्याधियों को नाश करने वाला है।
2. कुण्डलिनी शक्ति को जागृत करके ज्ञान का उदय करता है।

पद्मासन

3. प्राण एवं अपान की एकता होती है।

4. चित्त स्थिर होकर आत्मसाक्षात्कार होता है।

14. सिंहासन की विधि – दोनों एड़ी अण्डकोष के नीचे सीवनी के दोनों ओर बाँयी एड़ी को दक्षिण पार्श्व में तथा दाँयी एड़ी को वाम पार्श्व में लगायें। फिर दोनों हाथों की हथेलियों को घुटनों के ऊपर दष्ढ़ता के साथ लगाकर हाथों की अँगुलियों को फैलाकर जीभ को बाहर निकालकर नासाग्रदृष्टि रखते हुए स्थिर बैठना सिंहासन है।

गुल्फौ च वृभाणस्याधः सीवन्याः पाभर्वयोः क्षिपेत्।
दक्षिपणे सव्वगुल्फं तु दक्षगुल्फं तु सव्वके।

हस्तौ तु जान्वोः संस्थाप्य स्वाघ्गुलीः सम्प्रसार्य च।
व्यात्तवक्त्रो निरीक्षेत नासाग्रं तु समाहितः।[26]

लाभ –

1. हठयोग प्रदीपिका में कहा गया है कि यह आसन योगियों द्वारा पूजित है।

सिंहासन

2. यह आसनों में उत्तम तथा तीनों बन्धों के अभ्यास को सरल बनाता है।[27]

3. इस आसन से छाती चौड़ी, शरीर पुष्ट, जीभ तथा नेत्र विकसित होते हैं।

4. तुतलापन दूर होता है जिससे कण्ठ स्वर मधुर होता है।

5. कटि और सीवनी की शुद्धि होती है।

6. पाचन शक्ति की वृद्धि होती है।

15. भद्रासन की विधि – दोनों एड़ियों को अण्डकोष के नीचे सीवनी नाड़ी के दोनों ओर इस प्रकार रखें, जिसमें बायीं एड़ी वाम भाग में तथा दायीं एड़ी दाहिने भाग में लगी रहे तथा दोनों हाथों से पैरों के अग्र भाग को दृढ़ता से पकड़ कर निश्चल बैठना ही भद्रासन या गोरक्षासन है । यह सभी व्याधियाँ नाश करने वाला है ।

गुल्फौ च वृभाणस्याधः सीवन्याः पाभर्वयोः क्षिपेत्।
सव्वगुल्फं तथा सव्वे दक्षगुल्फं तु दक्षिणे।

पाभर्वपादौ च पाणिभ्यां दृढं बद्धवा सुनिभचलम्।
भद्रासनं भवेदेतत् सर्वव्याधिविनाभानम् गोरक्षासनमित्याहुरिदं
वै सिद्धयोगिनः।[28]

भद्रासन

लाभ –

1. इस आसन से सभी रोग नष्ट होते हैं, जैसे – कब्ज, अजीर्ण, मधुमेह, हर्निया, उदर की अतिरिक्त चर्बी आदि।
2. इससे पैरों की नसें, माँसपेशियाँ लचीली तथा दृढ़ बन जाती हैं।
3. उदर में स्थित अपान वायु को निष्कासित करता है।

16. मुक्तासन की विधि – बायें पैर की एड़ी को पायुमूल में रखकर उस पर दायें पैर की एड़ी को रखें और सिर व ग्रीवा को समान रखते हुए, शरीर को सीधा रखकर बैठें। यह मुक्तासन है। यह आसन योगियों को सिद्धि प्रदान कराता है।

पायुमूले वामगुल्फं दक्षगुल्फं तथोपरि।
समकायभिारोग्रीवं मुक्तासनं तु सिद्धिदम्।[29]

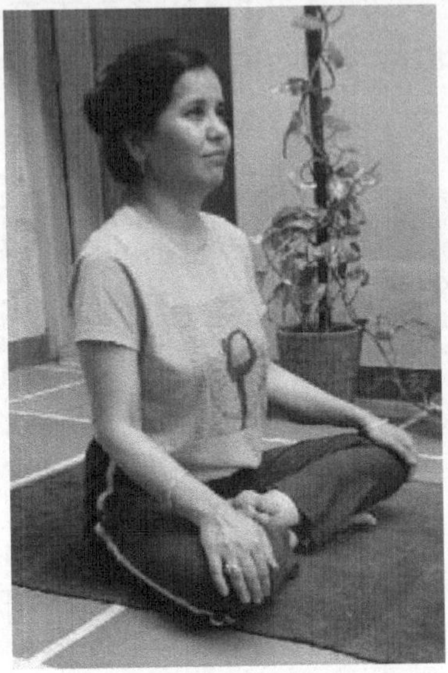

मुक्तासन

लाभ –

1. जो साधक ध्यान के कठिन आसनों में नहीं बैठ सकते हैं, वह इस आसन में बैठ कर ध्यान से सिद्धियाँ प्राप्त कर सकते हैं।

2. यह आसन तनाव दूर करने के साथ साथ शारीरिक व मानसिक संतुलन प्रदान करने में लाभदायक है।

17. गुप्तासन की विधि – दोनों घुटनों के मध्य में दोनों पाँवों को छुपाकर रखें और फिर पैरों को गुह्य प्रदेश के नीचे रख लें। यही गुप्तासन है।

जानूर्वोरन्तरे पादौ कृत्वा पादौ च गोपयेत्।
पादोपरि च संस्थाप्य गुदं गुप्तासनं विदुः।[30]

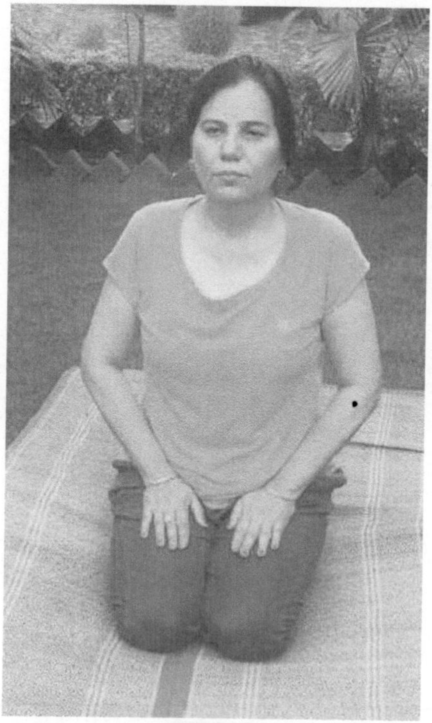

गुप्तासन

लाभ –

1. यह आसन मन को शान्त करने वाला है।
2. यह आसन वीर्य ऊर्ध्वगामी करने वाला भी है।

18. वृक्षासन की विधि – बायीं जंघा को जड़ में दाहिने पैर को रखें और वक्ष के समान सीधे खड़े हो जाने की स्थिति को वक्षासन कहते हैं।

वामोरूमूलदेभो च याम्यं पादं निधाय वै।

तिष्ठेत्तु वृक्षवद्भूमौ वृक्षासनमिदं विदुः।[31]

वृक्षासन

लाभ –

1. इस आसन से पैरों की मांसपेशियाँ मजबूत बनती हैं।
2. इस आसन के द्वारा शरीर में सन्तुलन और दृढ़ता का विकास होता है।
3. यह ब्रह्मचर्य पालन के लिए वीर्य रक्षा की क्षमता बढ़ाता है।
4. इस आसन से मन भी एकाग्र होता है।
5. इस आसन के द्वारा शारीरिक तनाव दूर होता है।
6. पैरों एवं टखनों में लचीलापन आता है।
7. यह आसन हिप्स और घुटनों में स्थित तनाव को दूर करने में सहायक होता है।

19. गोरक्षासन की विधि – दोनों पैरों के पंजों को दोनों घुटनों और जंघाओं के मध्य में छुपाकर रखें तथा दोनों हाथों से दोनों एड़ियों को पकड़कर रखें। कण्ठ का संकोच करते हुए नासिका के अग्रभाग पर दृष्टि स्थिर रखें। यही गोरक्षासन कहलाता है।

जानूर्वोरन्तरे पादौ उत्तानौ व्यक्तसंस्थितौ।
गुल्फौ चाच्छाद्य हस्ताभ्यामुत्तानाभ्यां प्रयत्नतः।
कण्ठसंकोचनं कृत्वा नासाग्रमवलोकयेत्।
गोरक्षासनमित्याहुर्योगिनां सिद्धिकारणम्।[32]

गोरक्षासन

लाभ –

1. यह आसन योगियों को सिद्धियाँ प्रदान कराने वाला है।
2. यह पैरों को लचीला बनाता है।

3. यह आसन प्रजनन इन्द्रियों, कामवासना औरवीर्य स्खलन पर नियन्त्रण प्राप्त कराने में सहायक है।
4. इस आसन के निरन्तर अभ्यास से मन एकाग्र तथा धारणा की अवस्था को प्राप्त करने में विशेषकर लाभप्रद है।
5. कंठ के संकोच से रोगों में भी सहायक है।

20. भुजंगासन की विधि – पाँवों की अँगुलियों से नाभिपर्यन्त शरीर को भूमि पर लगाकर रखें और हाथों की हथेलियों को भी भूमि पर टिका कर रखें। सिर व वक्ष स्थल को सर्प के फन के समान ऊपर उठाकर रखें। यह भुजङ्गासन कहलाता है।

अङ्गुष्ठनाभिपर्यन्तमधोभमौ च विन्यतेत्।
धरां करतलाभ्यां धृत्वोर्ध्वशीर्षं फणीव हि।[33]

लाभ –

1. यह आसन शरीरस्थ अग्नि को बढ़ाने वाला है।
2. यह आसन सब रोगों का नाश करता है।
3. इसके अभ्यास से कुण्डलिनी शक्ति का जागरण होता है।[34]

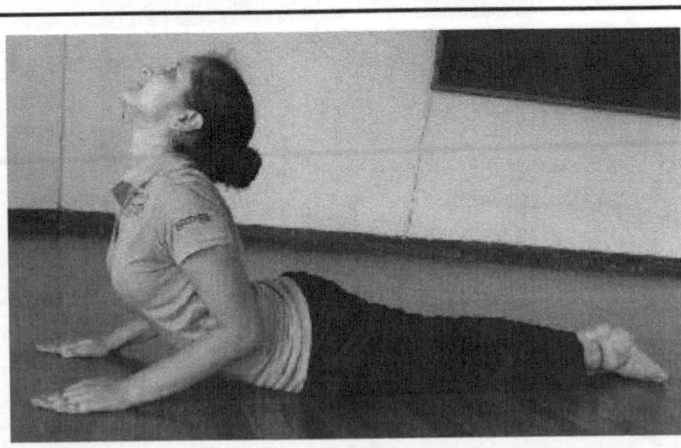

भुजंगासन

21. मकरासन की विधि – पेट के बल भूमि पर लेटकर पाँवों को सीध ा कर दें। दोनों कोहनियों को विपरीत हाथों से पकड़कर भूमि पर रखें और उन पर सिर अटका कर शरीर ढ़ीला छोड़ दें। यही मकरासन है।

अध्यास्य शेते हृदयं निधाय, भमौ च पादौ प्रसार्यमाणी।
शिरश्च धृत्वा करदण्डयुग्मे, देहाग्निकारं मकरासनं तत्।[35]

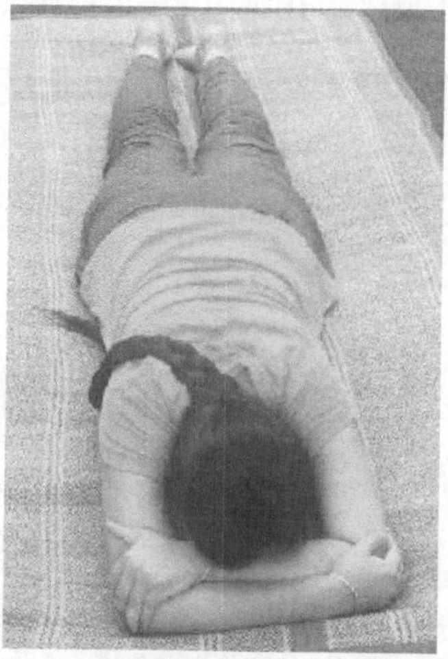

मकरासन

लाभ –

1. यह विश्राम करने वाला आसन है।
2. यह शरीरस्थ अग्नि को तीव्र करने वाला है।
3. यह श्वास रोग में लाभदायक है।
4. दमा का दौरा पड़ने की स्थिति में इस आसन का अभ्यास बहुत उपयोगी है ।
5. यह आसन अनिद्रा रोग को दूर करता है।

6. गर्दन तथा कमर दर्द में लाभकारी है।
7. इस आसन के द्वारा पाचन शक्ति ठीक रहती है।

22. मण्डूकासन की विधि – दोनों पैरों को पीछे की ओर ले जाकर आपस में मिलायें। दोनों घुटनों को आगे से आपस में मिलाकर रखें। इस प्रकार मण्डूकासन होता है।

पृष्ठदेभो पादतलावङ्गुष्ठौ द्वौ च संस्पृभोत्।

जानुयुग्मं पुरस्कृत्यसाधयेन्मण्डूकासनम्।[36]

मण्डूकासन

लाभ –

1. यह आसन बल पुष्टि प्रदान करता है।
2. यह आसन शरीर को ताजगी देता है।
3. इस आसन से वीर्य की रक्षा होती है।

आसनों की सावधानियां

1. आसन करते समय पेट का खाली होना अनिवार्य है।
2. आसन करते समय सदैव नाक से सांस लेना चाहिए।
3. आसन करने के लिए स्थान स्वच्छ, शांत, प्रकाशमय एवं हवादार होना चाहिए।
4. आसन धीरे धीरे और आसानी से करने चाहिए। शरीर के साथ जबरदस्ती नहीं करनी चाहिए।
5. आसन के लिए प्रातःकाल अथवा सांयकाल का समय सर्वाधिक उपयुक्त होता है।

गौमुखासन

6. हाथ और पैर में ज्यादा दर्द होने पर गोमुाासन का अभ्यास न करें।
7. रीढ़ की हड्डी में कोई गम्भीर समस्या हो तो गौमुखासन न करें।
8. घुटने में दर्द होने पर भी गौमुखासन का अभ्यास न करें।

धनुरासन

9. हर्निया के रोगियों को इस आसन को करने से बचना चाहिए।
10. अगर पत्थरी की शिकायत हो तो इस आसन को न करें।
11. तीव्र कमर दर्द हो तो उसे धनुरासन नहीं करना चाहिए।
12. साईटिका से ग्रस्त व्यक्ति को इस आसन को करने से पहले विशेषज्ञ का परामर्श लेना चाहिए।

स्वास्तिकासन

13. साईटिका से पीड़ित व्यक्ति को नहीं करना चाहिए।

14. रीढ़ से सम्बन्धित समस्या होने पर इस आसन का अभ्यास न करें।
15. घुटने का दर्द होने पर भी इस आसन को न करें।

वीरासन

16. अगर पैरों में कोई चोट आई हो तो इस आसन का अभ्यास न करें।
17. अभ्यास के दौरान टखनों पर अधिक बल नहीं लगाना चाहिए।
18. घुटनों में दर्द होने पर इसका अभ्यास न करें।

कक्कुटासन

19. हृदय रोग से ग्रस्त व्यक्तियों को यह आसन नहीं करना चाहिए।
20. बाहों पर ज्यादा दर्द होने पर इस आसन को न करें।
21. कोहनी की ज्यादा परेशानी में इस आसन को न करें।
22. प्लीहा समस्या होने पर इस आसन का अभ्यास नहीं करना चाहिए।

शवासन

23. शरीर की मांसपेशियों में खिंचवा नहीं रहना चाहिए।
24. इस आसन को करते समय मन को विचारमुक्त रखना चाहिए।
25. शरीर को शिथिल रखना चाहिए।

पश्चिमोतासन

26. जिनके पेट में अल्सर की शिकायत हो तो उसे यह आसन नहीं करना चाहिए।
27. शुरूआती दौड़ में इस आसन को करते समय जल्दबाजी नहीं

करनी चाहिए।

28. आंत में सूजन हो तो इसका अभ्यास न करें।
29. इस आसन को झटके के साथ कभी न करें।
30. इस आसन के बाद भुजंगासन व शलभासन करने से कमर के दर्द से राहत मिलती है।
31. कमर दर्द या रीढ़ की हड्डी में तकलीफ हो तो इस आसन को न करें।

मयूरासन

32. इस आसन को करने पर पेट खाली होना चाहिए।
33. यदि ब्लड प्रैशर, टी. बी., हृदय रोग, अल्सर और हर्निया रोग की शिकायत हो तो इस आसन को विशेषज्ञों और चिकित्सकों से परामर्श लेकर ही करना चाहिए।

सिद्धासन

34. सिद्धासन महापुरूषों का आसन है। सामान्य व्यक्ति का हठपूर्वक इसका उपयोग नहीं करना चाहिए।
35. घुटने में दर्द हो तो कुछ समय के लिए इस आसन को न करें।
36. कमर दर्द हो तो इस आसन को न करें।

भद्रासन

37. गर्भवती महिला को यह आसन किसी विशेषज्ञ व निगरानी में करना चाहिए।
38. घुटने दर्द होने पर इस आसन को न करें।
39. पेट की बीमारी में भी इस आसन को करने से बचना चाहिए।
40. कमर दर्द होने पर भी इस आसन का अभ्यास न करें।

गुप्तासन

41. घुटने के दर्द होने पर इस आसन को नहीं करना चाहिए।
42. एड़ी में चोट हो तो इस आसन को न करें।

सिंहासन

43. इस आसन के दौरान शरीर का समस्त भार पैरों की एड़ियों पर रखिए ।
44. पीठ को सदैव सीधा रखना चाहिए।

भुजंगासन

45. भुजंग आसन करने वाले व्यक्ति को अपने शरीर का अग्र भाग भूमि से उठाते समय और नीचे ले जाते समय यह सुनिश्चित कर लेना अति आवश्यक है कि उनके दोनों हाथों की हथेलियों पर एक समान बल पड़े।
46. सरणगाढ़ (हर्निया) के रोगी को यह आसन बिल्कुल नहीं करना चाहिए।
47. अल्सर के रोगी भी इस आसन को न करें।
48. गर्भवती महिला यह आसन न करे।
49. महिलाएं मासिक चक्र के दौरान भी इस आसन का अभ्यास न करें।
50. पेट दर्द होने पर इस आसन को नहीं करना चाहिए।

पदमासन

51. जिनके घुटने में दर्द रहता हो, उसे यह आसन नहीं करना चाहिए।
52. टखने के दर्द में भी इस आसन को करने से बचना चाहिए।
53. साईटिका में इसे नहीं करना चाहिए।

54. कमर दर्द होने पर यह आसन नहीं करें।
55. वैरिकोज नरू की स्थिति में भी इस आसन को न करें।

वृक्षासन

56. वृक्षासन उनको नहीं करना चाहिए जिनके घुटनों में बहुत अधिक दर्द हो।
57. एड़ियों में अधिक दर्द होने पर इस आसन का अभ्यास न करें।

गोरक्षासन

58. मोटापा होने की स्थिति में इस आसन को बहुत सावधानी से करें।
59. घुटनों में दर्द होने पर इस आसन को नहीं करना चाहिए।
60. एड़ी में दर्द होने पर भी इस आसन को न करें।

मण्डूकासन

61. पीठ में दर्द होने पर इस आसन को नहीं करना चाहिए।
62. नाभी की समस्या होने पर भी इस आसन को न करें।
63. पेट में अगर कोई विकार या ऑपरेशन हुआ हो तो इस आसन को करने से बचें।

मकरासन

64. हर्निया की शिकायत होने पर इस आसन का अभ्यास न करें।
65. इस आसन को करते समय घुटने से पैर नहीं मोड़ना चाहिए। जब ठोढ़ी भूमि पर टिकी हो तब केवल 10 से 30 सैकेंड तक इस स्थिति में रहें।

मत्स्येद्रासन

66. गर्भवती महिलाएं और रीढ़ हड्डी के रोगी इस आसन को न करें।
67. जिन लोगों का पेट का ऑपरेशन हुआ हो तो वे इस आसन को न करें।

68. गर्दन में दर्द होने पर इस आसन को सावधानीपूर्वक करें।
69. एसिडिटी या पेट में दर्द होने पर इस आसन को करने से बचना चाहिए।

उत्तानकूर्मासन

70. खाली पेट ही अभ्यास करें।
71. हाथों में चोट लगी हो तो यह आसन न करें।
72. पैरों में दर्द या चोट लगी हो तो इस आसन को नहीं करना चाहिए।
73. पेट में फोड़ा, फुंसी या अल्सर हो तो यह आसन न करें।
74. कमर दर्द या रीढ़ हड्डी में दर्द की समस्या होने पर इस आसन को नहीं करना चाहिए।
75. नितम्बों, हर्निया एवं गर्दन दर्द में भी इस आसन को न करें।

– – – – – – – – –

1. आसनं विजितं येन जितं तेन जगत्त्रयम्। (त्रिशिखिब्राह्मणोपनिषद् – 2/52)
2. आस उपवेशने (अदादि. – आत्मनेपद) अधिकरणेऽर्थेल्युट् प्रत्ययः।
3. स्थिरसुखमासगम् (योग सूत्र – 2/46)
4. प्रयत्न शैथिल्यानन्तसमापत्तिभ्याम् (योग सूत्र – 2/47)
5. ततोद्वन्द्वानभिघातः। (योग सूत्रा – 2/48)
6. तद् यथा पद्मासनं भद्रासनं स्वस्तिकं दण्डासनं सोपाश्रयंपर्यङ्क क्रोंचनिषदनं हस्तिनिषद नमुष्ट्र निपदनं समसंस्थानं स्थिरसुखं यथासुखं चेत्येवयादीनि। (पा. यो. द. – 2/46 पर व्यासभाष्य)
7. ऋग्वेदादि भाष्य भू. उपासना खण्ड – स्वामी दयानन्द सरस्वती

8. **(क)** शुचौ देशे प्रतिष्ठाप्य स्थिरमासनमात्मनः।

नात्युच्छिष्तं नातिनीचं चैलाजिन कुशोत्तरम्। (गीता – 6/11)

(ख) तत्रैकाग्रं मनः कृत्वा यतचित्तेन्द्रियक्रियः।

उपविश्यासने युंज्याद्योगमात्मविशुद्धये। (गीता 6/12)

9. हठस्य प्रथमाघ्गत्वादासनं पूर्वमुच्यते। कुर्यातदासनं स्थैर्यमारोग्यं चाघ्गलाघवम्। (ह. प्र. 1/17)

10. जानूर्वोरन्तरे सम्यक्कृत्वा पादताले उभे।

ऋजुकायः समासीनः स्वस्तिकं तत् प्रचक्षते। (ह. प्र. – 1/19)

11. सव्ये दक्षिणगुल्फं तु पृष्ठपार्श्वे नियोजयेत्।

दक्षिणेऽपि तथा सव्यं गोमुखं गोमुखाकृति। (ह. प्र. – 1/20)

12. एकं पादतथैकस्मिन् विन्यसेदूरुणि स्थितम्। इतरस्मिंस्तथा चोरूं वीरासनमितीरितम्। (ह. प्र. – 1/21)

13. गुदं निरूध्य गुल्फाभ्यां व्युत्क्रमेण समाहितः। कूर्मासन भवेदेतदिति योगविदो विदुः। (ह. प्र. – 1/22)

14. पद्मासनं तु संस्थाप्य जानूर्वोरन्तरे करौ।

निवेश्य भूमौ संस्थाप्य व्योमस्थं कुक्कुटासनम्। (ह. प्र. – 1/23)

15. कुक्कुटासनवन्धस्यो दोर्भ्या सम्बध्य कन्धराम्। भवेत् कूर्मवदुतान एतुदुत्तानकूर्मकम्। (ह. प्र. – 1/24)

16. पादाघगुष्ठौ तु पाणिभ्यां गृहीत्वा श्रवणावधि। धनुराकर्षणं कुर्यात् धनुरासनमुच्यते । (ह. प्र. – 1/25)

17. वामोरूमूलार्पित दक्षपादं जानाबर्हिवेष्टितवामपादम्।

प्रगृह्यतिष्ठेत् परिवर्तिताघ्गः श्रीमत्स्यनाथोदितमासनंस्यात्। (ह. प्र. – 1/26)

18. मत्स्येन्द्रपीठं जठरप्रदीप्तिं प्रचण्डरूग्मण्डलखण्डनास्त्राम्।

अभ्यासतः कुण्डलिनीप्रबोधं चन्द्रस्थिरत्वं च ददाति पुंसाम्। (ह. प्र. – 1/27)

19. प्रसार्य पादौ भुवि दण्डरूपौ दोर्भ्यां पदाग्रद्वितयं गृहीत्वा।

जानूपरिन्यस्तललाटदेशो वसेदिदं पश्चिमतानमाहुः। (ह. प्र. – 1/28)

20. इति पश्चिमतानमासनाग्रयं पवनं पश्चिमवाहिनं करोति।

उदयं जठरानलस्य कुर्यादुदरे कार्श्यमरोगतां च पुंसाम्। (ह. प्र. – 1/28)

21. धरामवष्टभ्य करद्वयेन तत्कूर्परस्थापितनाभिपार्श्वः।

उच्चासनो दण्डवदुत्थितः स्यान मायूरमेतत्! प्रवदन्ति पीठम्। (ह.प्र. 1/30)

22. हरतिसकलरोगानाशु गुल्मोदरादीनभिभवति च दोषानासनं श्रीमयूरम्।

बहु कदशनभुक्तं भस्मकुर्यादशेषं जनयति जठराग्निं जारयेत् कालकूटम् । (ह. प्र. – 1/31)

23. उत्तानं शववद्भूमौ शयनं तच्छवासनम्।

शवासनं श्रान्तिहरं चित्तविश्रान्तिकारकम्। (ह. प्र. – 1/32)

24. योनिस्थानकमघ्घ्रिमूलघटितं कृत्वा दृढ़ं विन्यसेमेण्ढ़े पादमथैकमेव हृदये कृत्वा हनुं सुस्थिरम्।

स्थाणुः संयमितेन्द्रियोऽचलदृशा पश्येद् भ्रुवोरन्तरम् होतन्मोक्षकपाटभेदजनकं सिद्धासनं प्रोच्यते। (ह. प्र. – 1/35)

25. वामोरूपरि दक्षिणं च चरणं संस्थाप्य वामं तथा दक्षोरूपरि, पश्मिन विध्निा धृत्वा कराभ्यां दृढम्।

अघ्गुच्छौ हृदये निधाय चिबुकं नासाग्रमालोकयेत् एतद्व्याधिविनाशकारि वमिनां पद्मासनं प्रोच्यते। (ह. प्र. – 1/44)

26. गुल्फौ च वृषणस्याधः सीवन्याः पार्श्वयोः क्षिपेत्। दक्षिपणे सव्वगुल्फं तु दक्षगुल्फं तु सव्वके।

हस्तौ तु जान्वोः संस्थाप्य स्वाघ्गुलीः सम्प्रसार्य च। व्यात्तवक्त्रो निरीक्षेत नासाग्रं तु समाहितः। (ह. प्र. – 1/50, 51)

27. सिंहासनं भवेदेतत् पूजित योतिगपुघ्गवैः। बंधत्रितयसंधनं कुरूते चासनोत्तमम्। (ह. प्र. – 1/52)

28. गुल्फौ च वृषणस्याधः सीवन्याः पार्श्वयोः क्षिपेत्। सव्वगुल्फं तथा सव्वे दक्षगुल्फं तु दक्षिणे।

पार्श्वपादौ च पाणिभ्यां दृढं बद्धवा सुनिश्चलम् । भद्रासनं भवेदेतत् सर्वव्याधिविनाशनम् गोरक्षासनमित्याहुरिदं वै सिद्धयोगिनः। (ह. प्र. – 1/53, 54)

29. पायुमूले वामगुल्फं दक्षगुल्फं तथोपरि। समकायशिरोग्रीवं मुक्तासनं तु सिद्धिदम् (घेरण्ड संहिता 2/12)

30. जानूर्वोरन्तरे पादौ कृत्वा पादौ च गोपयेत्। पादोपरि च संस्थाप्य गुदं गुप्तासनं विदुः (घेरण्ड संहिता 2/21)

31. वामोरूमूलदेशे च याम्यं पादं निधाय वै। तिष्ठेत्तु वृक्षवद्भूमौ वृक्षासनमिदं विदुः (घेरण्ड संहिता 2/36)

32. जानूर्वोरन्तरे पादौ उत्तानौ व्यक्तसंस्थितौ। गुल्फौ चाच्छाद्य हस्ताभ्यामुत्तानाभ्यां प्रयत्नतः। कण्ठसंकोचनं कृत्वा नासाग्रमवलोकयेत्। गोरक्षासनमित्याहुर्योगिनां सिद्धिकारणम् (घेरण्ड संहिता 2/25, 26)

33. अङ्गुष्ठनाभिपर्यन्तमधोभमौ च विन्यतेत्। धरां करतलाभ्यां धृत्वोर्ध्वशीर्षं फणीव हि (घेरण्ड संहिता 2/42)

34. देहाग्निर्वदर्द्धते नित्यं सर्वरोगविनाशनम्। जागर्ति भुजङ्गीदेवी भुजङ्गासनसाधनात् (घेरण्ड संहिता 2/43)

35. अध्यास्य शेते हृदयं निधाय, भमौ च पादौ प्रसार्यमाणी। शिरश्च धृत्वा करदण्डयुग्मे, देहाग्निकारं मकरासनं तत् (घेरण्ड संहिता 2/40)

36. पृष्ठदेशे पादतलावङ्गुष्ठौ द्वौ च संस्पृशेत्। जानुयुग्मं पुरस्कृत्यसाधयेन्मण्डूकासनम् (घेरण्ड संहिता 2/34)

पंचम अध्याय

आसनों से रोगों की रोकथाम

आसन का चिकित्सकीय प्रयोग एवं प्रभाव

आसनों की आध्यात्मिक एवं स्वास्थ्यकर उपयोगिता स्वतः सिद्ध एवं सर्वविदित है पिछले कई वर्षों से आसनों के अभ्यास द्वारा बहुत से रोगों का सफलतापूर्वक चिकित्सा की जा रही है क्योंकि विभिन्न योग संस्थानों में आसनों का चिकित्सकीय प्रयोग आजकल लगभग सभी प्रकार के रोगों के शमन के लिए किया जा रहा है और आसनों का एक चिकित्सा पद्धति के रूप में विकसित करने का प्रयास भी हो रहा है। योग का वैज्ञानिक रूप से अध्ययन एवं विकसित करने की आवश्यकता है। इसके द्वारा विभिन्न प्रकार की मनोदैहिक व्याधियों की रोकथाम और उनकी प्रारम्भिक अवस्था में चिकित्सा भी योगाभ्यास के द्वारा की जा सकती है। यौगिक आसनों का प्रभाव गठिया रोग, उदर रोग एवं मानसिक तनाव आदि पर चमत्कारिक रूप से पड़ता है। आसनों में सिद्धासन 72 हजार नाड़ियों के मलों का शोधक है।[1]

चतुरशीतिपीठेषु सिद्धमेव सदाभ्यसेत्।

द्वासप्ततिसहस्राणां नाडीनां मलशोधनम।

विभिन्न रोगों से मुक्ति निम्नलिखित आसनों के द्वारा प्राप्त की जा सकती है, जिनका उल्लेख संक्षिप्त रूप से इस प्रकार किया गया है –

1. अजीर्णरोग चिकित्सा

पवन मुक्तासन, सुतव्रजासन, त्रिकोणासन, ताड़ासन, मत्स्यासन

और भोजन के पश्चात् 10–15 मिनट वज्रासन करने से अजीर्ण रोग दूर हो जाता है। इसके अतिरिक्त प्राणायाम करना चाहिए। इसमें गहरी साँस लेना और छोड़ना तथा नाड़ी शोधन क्रिया ही करनी चाहिए।

(क) अम्लपित्त रोग चिकित्सा

वज्रासन, पवनमुक्तासन, पश्चिमोत्तानासन, त्रिकोणासन, सर्वांगासन, नाड़ी शोधन, प्राणायाम एवं गहरी साँस लें।[2] पश्चिमोत्तानासन पुरूषों में रोगों का अभाव करता है – :अरोगताम् च पुंसाम्।[3]

इसके साथ ही साथ प्रतिदिन बस्ति (एनीमा) कुंजल, स्नान से पहले सूखे तौलिया से षरीर को रगड़ें आदि क्रियाएँ भी अम्लपित्त (हाइपरएसीडिटी) में सहायक एवं लाभदायक होते हैं।

(ख) अन्त्रवृद्धिरोग चिकित्सा (Treatment of Harnia)

दोनों प्रकार की अन्त्रवृद्धि में लाभदायक होता है –

(1) नाभिगत (Umbilical) और (2) उरू – संधि (Ingiuinal)

विपरीत – करणी, मूलबंध, अश्विनी मुद्रा, त्रिबन्ध महामुद्रा, सर्वांगासन, शवासन, मत्स्यासन, प्राणायाम – गहरी साँस लेना – ये क्रियाएं शीघ्र ही अन्त्रवृद्धि रोग को दूर करती हैं। इसके अतिरिक्त पश्चिमोत्तान आसन, योग मुद्रा, गरूड़ासन, शलभासन, हलासन, मडूकासन, सूर्य नमस्कार आसन, कूर्मासन, जानुशीर्षासन, गर्भाशन आदि आसन भी इस रोग को शीघ्रातिशीघ्र शान्त कर देते हैं।

(ग) अतिसार (डायरिया – Diarrhoea पानी जैसा मल आना) रोग चिकित्सा

शीर्षासन, सर्वांगासन, कुंभक रहित नाड़ी शोधन, शीतली, प्राणायाम आदि क्रियाएँ अतिसार को ठीक करती हैं।

(घ) आँव या पेचिभा (रक्त एवं कफ मिश्रित Dysentry) रोग चिकित्सा

शीर्षासन, सर्वांगासन, हलासन, पश्चिमोत्तान आसन, शवासन, अन्तर्कुम्भक के साथ नाड़ी शोधन एवं शीतली प्राणायाम आदि आसनों के प्रयोग से मल (आँव पेचिश) आना बन्द हो जाता है।

(ङ) अफारा रोग (Flatulance Diseases) चिकित्सा

शीर्षासन, सर्वांगासन, ताड़ासन, पश्चिमोत्तान आसन, नौका आसन, अर्द्धमत्स्येन्द्र आसन, सुप्तवज्रासन, योगमुद्रा आर उज्जायी प्राणायाम आदि आसनों के प्रयोग से व्यक्ति रोग मुक्त हो जाता है।[4]

(च) अग्निमाद्य एवं अरूचि (Indigestion and Dyspepsia) चिकित्सा

अर्द्धमत्सेन्द्रासन, सर्वांगासन, उत्तानपादासन, सुप्तपवनमुक्तासन, वज्रासन, चक्रासन, भुजंगासन, शवासन, योगमुद्रा, कपालभाती अनुलोम विलोम प्राणायाम, उज्जायी प्राणायाम आदि का नियमित अभ्यास करने से व्यक्ति रोगमुक्त हो जाता है।

(छ) अन्त्रकृमि रोग (Intestinal Worms) चिकित्सा

ये कृमि 5 प्रकार के होते हैं –

(1) सूत्रकृमि (Thread Worms)

(2) केंचुआ (Round Worms)

(3) स्फीत कृमि (Tape Worms)

(4) अंकुश कृमि (Hook Worms)

(5) जियार्डिया (Giardias)

नीम पत्र क्वाथ की बस्ति प्रयोग (एनिमा), हिप बाथ (Hip Bath कटि स्नान), शंख प्रक्षालन, नौली क्रिया, उड्डियान बन्ध, मयूरासन, नौकासन आदि आसन द्वारा उदर कृमियों से छुटकारा मिल सकता है ।

(ज) कब्ज रोग चिकित्सा

उड्डियानबन्ध, भुजंगासन, वज्रासन, उष्ट्रासन, त्रिकोणासन, सुतवज्रासन, पवनमुक्तासन, अर्द्धमत्स्येन्द्रासन, पादहस्तासन, हलासन, योगमुद्रा, कटि चक्रासन, सर्वांगासन, मत्स्यासन, शलभासन, उत्तानपादासन, ऊर्ध्वकर्षण, धनुरासन, मयूर आसन, भोजन के बाद वज्रासन में बैठें, कपालभाति, भस्त्रिका, उज्जायी आदि प्राणायाम एवं अग्रिसार क्रिया करें। पेट एवं रीढ़ की मालिश, शवासन, वस्ति प्रयोग (एनिमा Enema) आदि।

उपरोक्त आसन, आहार विहार करने से रोगी कब्ज रोग से मुक्त हो जाता है। इसके अतिरिक्त प्रातःकाल पानी पीना, प्रातःकाल 10 मिनट तक पेट के बल शान्त होकर लेटना, पीठ के बल लेटकर कुछ समय तक मुँह से साँस छोड़ें और नाक से साँस लें, पेट की गोलाकार मालिश सूखी ही करें। निश्चित समय पर षौच जाने का अभ्यास करने से कब्ज रोग शान्त हो जाता है।

नासिका एवं गले सम्बन्धी रोग

(क) नाक में माँस वृद्धि (Adenoid) रोग चिकित्सा

प्राणायाम, सिंहासन, उज्जायी प्राणायाम, सूत्रानेति, जलनेति आदि के नियमित अभ्यास से रोग ठीक हो जाता है।

(ख) नकसीर रोग चिकित्सा (नाक से खून आना Epistaxi)

प्राणायाम, मुँह से साँस लेना, ऊँगलियों से नाक दबाकर मुँह खोलकर साँस लें, शवासन, नाक में सरसों के तेल की बूँदें डालें या षड्बिन्दु तेल या महानारायण तेल की बूँदें डालें, सिर पर ठंडा पानी डालें एवं सिर तथा दिमाग (Brain) पर बर्फ के टुकड़े कपड़े में लपेटकर रखें, दोनों हाथों में बर्फ के टुकड़े रखें। फलों का जूस पीएँ आदि के प्रयोग से नकसीर ठीक हो जाता है।

(ग) कफ रोग (Cough) चिकित्सा

सूर्यभेदी प्राणायाम, सर्वांगासन, पश्चिमोत्तान – आसन, शीर्षासन, पश्चिमोत्तान आसन, धनुरासन, भुजंगासन, सर्वांगासन, नाड़ी शोधन, पवनमुक्तशासन, सिंहासन, मत्स्यासन आदि।[5]

जलनेति, कुंजलि, सूर्य स्वर (दाएँ चक्र से साँस) से साँस लेना, नमक पानी का गरारा आदि।

उपर्युक्त आसन, आहार विहार के प्रयोग से सभी प्रकार की खाँसी – जैसे सूखी खाँसी, कफयुक्त खाँसी और अन्य प्रकार की खाँसी, गलशोध आदि रोगों को दूर करता है।

(घ) साइनूसाइटिस (Sinusitis) रोग चिकित्सा

प्राणायाम, नाड़ी शोधन, भस्त्रका, अनुलोम विलोम, सूर्य भेदी, भ्रामरी, उदगीथ, विपरीतकरणी, भुजंगासन, योगमुद्रा, शवासन, गहरी साँस लेना, वस्ति क्रिया, जलनेति, सूत्रनेति, हाट फुट बाथ, ठंडा एवं गर्म सेंक (नाक का), चेहरे पर भाप लेने, खुली हवा लेने एवं आराम करने से व्यक्ति शीघ्र रोगमुक्त हो जायेगा।

(ङ) गला की खराभा (खरखराहट) रोग चिकित्सा

पवनमुक्तासन, सिंहासन, मत्स्यासन, नाड़ी षोधन, प्राणायाम, कपालभाति आदि के प्रयोग से व्यक्ति रोग मुक्त हो जाता है।

(च) थायरॉयड (Thyroid Diseases) रोग चिकित्सा

प्राणायाम, भ्रामरी, भस्त्रिका, नाड़ी षोधन, उज्जायी वस्ति (Enema), हिप बाथ (Hip Bath), शवासन, योग निद्रा, सुप्त पवन मुक्तासन, मत्स्यासन, सुप्त वज्रासन, गर्दन का व्यायाम (Exercises) रोगनाशक कहे गए हैं।

चर्मरोग चिकित्सा

सूर्यनमस्कार, भ्रमण, पश्चिमोत्तानासन, सर्वांगासन, मत्स्यासन, वज्रासन, योगनिद्रा, जालन्धर, उड्डियान बंध, नाड़ी शोधन, भस्त्रिका, शीती, कपाल भाति प्राणायाम, शिथिलीकरण, कटि स्नान, वाष्पस्नान, एनिमा (Enema बस्ति) आदि चर्म रोग में लाभदायक होते हैं।

(क) चचेक, शीतला माता (Chicken Pox) रोग चिकित्सा

प्राणायाम, नाड़ी शोधन, भस्त्रिका, कपालभाती, शवासन आदि हल्के फुल्के आसनों का प्रयोग करें। बस्ति (एनिमा), पेट पर गीली मिट्टी की पट्टी बनाकर रखें, धनिये का प्रयोग, नींबू पानी, नारियल का पानी, फलाहार, रसाहार आदि का प्रयोग लाभदायक होता है। तुलसी पत्र का प्रयोग हर प्रकार से करें।

(ख) सोराइसिस रोग चिकित्सा (Treatment of Psoriasis)

प्राणायाम, कपाल भाति, नाड़ी शोधन, भस्त्रिका, बस्ति (Enema), तिल का दूध, आँवला, सोयाबीन, नारियल, सफेद पेठा, गाजर, अंगूर, नारियल का पानी आदि का प्रयोग लाभदायक है।

(ग) बालों का गिरना या झड़ना (Hair Falling) रोग चिकित्सा

हाथ की आठों ऊँगलियों के नाखून को आपस में रगड़ना प्रतिदिन तीन या चार बार पाँच मिनट तक, योगनिद्रा, विपरीतकरिणी मुद्रा, शवासन, सर्वांगासन, मत्स्यासन करने से बाल उग आते हैं।

(घ) बालों का भूरे न होने की चिकित्सा

सर्वांगासन, मत्स्यासन, शवासन, प्राणायाम, अनुलोम विलोम, योग निद्रा, भोजन के बाद कंधे बाल खींचना, हाथ की आठों ऊँगलियों के नाखून को आपस में 3–4 बार 5 मिनट तक रगड़ें।

(ङ) गंजापन रोग (Alopicia) चिकित्सा

शीर्षासन, प्राणायाम, कपालभाती, नाड़ी षोधन आदि आसनों का प्रयोग तथा पौष्टिक आहार एवं सिर की मालिश करने से शीघ्र बाल उग जाते हैं।

हृदय रोग चिकित्सा (Treatment of Heart Diseases)

प्रातः एक घंटे तक खुली हवा में घूमना व कटि चक्रासन, वज्रासन, पद्मासन, सिद्धासन, गोमुख आसन, ताड़ासन, भुजंगासन, कोणासन, नौकासन, शवासन, प्राणायाम, भ्रामरी, उदगीथ, नाड़ी शोधन, मण्डूक आसन, अनुलोम विलोम, बस्ति (एनिमा), गहरी साँस लेना, हृदय मुद्रा करने से हृदय रोग शीघ्र शान्त हो जाता है जैसा कि हठयोगप्रदीपिका में कहा गया है – पद्मासन सभी व्याधियों को नष्ट करता है – व्याधिविनाशकारी यमिनां पद्मासन प्रोच्यते।[6]

(क) हृदय स्पंदन (Palpitation of Heart) रोग चिकित्सा

शीर्षासन, सर्वांगासन, हलासन, पश्चिमोत्तान आसन, वज्रासन, सुप्त वज्रासन, नाड़ी शोधन, अनुलोम विलोम, भस्त्रिका, हृदय मुद्रा, ध्यान, शवासन आदि का नियमित अभ्यास करने से रोग शीघ्रातिशीघ्र शान्त हो जाता है।

(ख) हृदय प्रसारण रोग चिकित्सा

बिना कुम्भक के नाड़ी शोधन, प्राणायाम, अनुलोम विलोम, भ्रामरी, उद्‌गीथ, हृद मुद्रा, शवासन करने से व्यक्ति रोग मुक्त हो जाता है।

(ग) शोधयुक्त सिरा (Varicoseveins) चिकित्सा

शीर्षासन, योग मुद्रा, सर्वांगासन, विपरीतकरणी, हलासन, सूर्य नमस्कार, वज्रासन, सिद्धासन, उज्जायी, कपालभाति एवं सुप्त पवनमुक्तासन, नाड़ी

शोधन, प्राणायाम आदि का नियमित अभ्यास करते रहने से शोधयुक्त सिराएँ खुल जायेंगी और व्यक्ति शीघ्र रोगमुक्त हो जाएगा।

(घ) निम्न रक्तचाप रोग चिकित्सा (Low Blood Pressure Hypotension)

शीर्षासन, सर्वांगासन, हलासन, वज्रासन, सिद्ध आसन, पद्मासन, बिना कुम्भक के नाड़ी षोधन प्राणायाम करने से लो ब्लड प्रेशर रोग ठीक हो जाता है।

(ङ) पक्षाघात (Paralysis) रोग चिकित्सा

प्राणायाम, नाड़ी षोधन, कपाल भाति, ज्ञानमुद्रा, शसासन, ध्यान, योगनिद्रा, शारीरिक व्यायाम, मसाज (Massage), वाष्प क्रिया करने से लाभ होता है।

गर्भाशय सम्बन्धी रोग

(क) मासिक धर्म अवरूद्धता एवं कष्ट आर्तव रोग चिकित्सा

पवनमुक्तासन, ताड़ आसन, त्रिकोण आसन, योग मुद्रा, मत्स्यासन, अर्धमत्स्येन्द्र आसन, नौकासन, कपाल भाति, नाड़ी शोधन, भस्त्रिका, भ्रामरी आदि का नियमित अभ्यास से मासिक धर्म शुरू हो जाता है और दर्द भी शान्त हो जाता है।

(ख) मासिक धर्म विकार (Menstrual Disorders) चिकित्सा

भुजंगासन, शलभासन, वज्रासन, पश्चिमोत्तान आसन, कोणासन, अर्धमत्स्येन्द्रासन, शवासन, योग निद्रा, मूलबन्ध, गहरी साँस लेना, तथा नकारात्मक सोच से बचना आदि के द्वारा रोग ठीक हो जाता है।

(ग) बंध्या रोग चिकित्सा

सर्वांगासन, मत्स्यासन, अर्ध मत्स्येन्द्र आसन, पश्चिमोत्तन आसन, शलभासन, प्राणायाम, बस्ति क्रिया, छः मास तक मैथुन से बचे, इससे बंध्यत्व रोग ठीक हो जाएगा।

(घ) मैथुनजन्य व्याधि चिकित्सा (Treatment of Venereal Diseases i.e. Syphilis and Gonorrhoea)

प्राणायाम, नाड़ी षोधन, भस्त्रिका, अनुलोम विलोम, पवनमुक्तासन, ध्यान आदि करने से रोग दूर हो जाता है।

नीम की पत्ती के काढ़े से घाव को साफ करें।

हिप बाथ (Hip Bath) का प्रयोग उपरोक्त आहार विहार, आसन आदि का नियमित अभ्यास करने से फिरंग एवं भूषोष्णवात (Gonorrhoea) ठीक हो जाता है।

इस अवस्था में स्त्री प्रसंग से दूर रहें।

(ङ) गर्भाभाय का स्थानान्तरण (Prolaps of Overy) रोग चिकित्सा

शीर्षासन, सर्वांगासन, विपरीतकाणी, त्रिकोण आसन, मत्स्यासन, प्राणायाम, उड्डियान बंध, उज्जायी प्राणायाम, नाड़ी शोधन आदि के प्रयोग से गर्भाशय का स्थानान्तरण (स्थानच्युत) ठीक हो जाता है।

(च) हैबिट्युअल अबॉर्भान रोग चिकित्सा (Treatment of Habitual Abortion)

सर्वांगासन, वज्रासन, भुजंगासन, शलभासन, धनुरासन, पश्चिमोत्तान आसन, कोणासन, प्राणायाम, नाड़ी शोधन, अनुलोम विलोम, शवासन, वस्ति (एनिमा), पूर्ण विश्राम आदि का नित्य अभ्यास करने से शीघ्रातिशीघ्र स्त्री रोग मुक्त हो जाएगी।

सर्वाइकल स्पॉडायलोसिस (Cervical Spondylosis) रोग चिकित्सा

प्राणायाम, अनुलोम विलोम, नाड़ी शोधन व पद्मासन, वज्रासन, सिद्धासन, गोमुख आसन, गर्दन को ताकत देने के लिए गर्दन का व्यायाम, गर्दन को ऊपर एवं नीचे करना, गर्दन को दाएं एवं बाएं घुमाना, गर्दन को दोनों कंधों की तरफ मोड़ना, क्लाक वाईज एवं एंटीक्लाक वाईज गर्दन को घुमाकर, हाथ के दोनों पंजों को बाँध कर गर्दन पर लगा कर गर्दन को ताकत देकर पीछे मोड़ना आदि का नियमित अभ्यास करने से व्यक्ति रोगमुक्त हो जाता है।

ज्वर रोग की चिकित्सा – इन्फलुज्जा, न्युमोनिया, टायफाइड, मलेरिया

शवासन, ध्यान, प्राणायाम आदि लाभदायक हैं।

(क) कामला रोग चिकित्सा (Joundice)

उत्तानपादासन, भुजंगासन, शवासन, कामला रोग से मुक्त होने के लिए लाभदायक हैं ।

(ख) चेचक रोग चिकित्सा

शवासन, कपालभाती, प्राणायाम आदि हल्के फुल्के आसनों का प्रयोग करें।

मधुमेह रोग चिकित्सा

अर्धमत्स्येन्द्र आसन, मयूरासन, नौकासन, ताड़ासन, शीर्षासन, हलासन, पश्चिमोत्तानासन, भुजंगासन, चक्रासन, धनुरासन, मण्डूकासन, कूर्मासन, गर्भासन, सूर्य नमस्कार, पद्मासन मधुमेह रोग को दूर करते हैं जैसा कि

मयूरासन के विशय में लिखा गया है –

हरति सकलरोगानाशु गुल्मोदरादी

नभिभवति च दोषानासनं श्रीमयूरम्।[7]

मोटापा या भेदो रोग चिकित्सा

पश्चिमोत्तासन, सुप्तपवन, मुक्तासन, भुजंगासन, षलभासन, वज्रासन, हलासन आदि करने से मोटापा दूर होता है।

टी. बी. रोग चिकित्सा

गोमुखासन, मत्स्यासन, उत्तानमन्डूकासन, कटि चक्रासन, ताड़ासन, नौकासन, मकरासन, धनुरासन से टी. बी. रोग की रोकथाम की जा सकती है।

बहुमूत्र रोग चिकित्सा

शीर्षासन, सर्वांगासन, वज्रासन, मत्स्यासन, सिंहासन, भुजंगासन, ताड़ासन, शलभासन, धनुरासन, नौकासन, शीर्षासन, मयूरासन का अभ्यास करने से यह रोग ठीक हो जाता है।[8]

– – – – – – – –

1. हठयोगप्रदीपिका 1/39
2. योग भगाए रोग, पृष्ठ 2
3. हठयोगप्रदीपिका 1/29
4. योग भगाए रोग, पृष्ठ 5
5. योग भगाए रोग, पृष्ठ 11
6. हठयोगप्रदीपिका 1/44
7. हठयोगप्रदीपिका 1/31
8. योग भगाए रोग, पृष्ठ 25

उपसंहार

इस पुस्तक में पतंजलि योगसूत्र से पूर्व योग की जो विभिन्न परम्पराएं हुई हैं, उनका वर्णन करते हुए योग शब्द की निष्पत्ति, लक्ष्य पर प्रकाश डाला गया है। इस पुस्तक का मूल उद्देश्य अष्टांग योग के अनिवार्य अंग, आसनों का प्राचीनकाल से आधुनिक युग तक जो उपयोगिता है, उसका निरूपण करना है।

स्वास्थ्य प्रत्येक व्यक्ति के जीवन का अमूल्य धन कहा जाता है। स्वास्थ्य एक ऐसी निधि है जिसके बिना कोई भी कार्य सम्भव नहीं है। अंग्रेजी में कहा भी गया है – "Heath is Wealth"

प्राचीन ग्रंथों को आज वैज्ञानिक भी मानते हैं। यदि हम अपने मन एवं चित्त पर विजय प्राप्त करना चाहते हैं तो आसनों को नियमित रूप से करना चाहिए, जिससे हम शारीरिक, मानसिक एवं आध्यात्मिक शान्ति प्राप्त कर सकते हैं। चाणक्य ने लिखा है –

उद्योगे नास्ति दारिद्र यम जयतो नास्ति पातकमः।

मौने च कलहो नास्ति, नास्ति जागरतो भयम्।

अर्थात उद्योग करने वाला व्यक्ति कभी भी दरिद्र नहीं हो सकता और न ही जप तप करने वाला व्यक्ति पातक हो सकता है। मौन रहने से व्यक्ति झगड़े आदि से बचा रहता है और जागने वाले व्यक्ति को किसी प्रकार का भय नहीं होता है।

प्रत्येक मानव को शारीरिक एवं मानसिक रोगों से बचने हेतु नियमित रूपेण आसन करने चाहिए, जिससे उसका जीवन समस्याओं से मुक्त एवं हर्षोल्लास युक्त होगा ।

इसे पांच अध्यायों में विभक्त किया गया है। जिसके प्रथम अध्याय में योगसूत्र के रचयिता पतंजलि एवं योगसूत्र का संक्षिप्त परिचय दिया गया है। द्वितीय अध्याय में योग शब्द की व्युत्पत्ति, लक्ष्य एवं अष्टांग योग का निरूपण किया गया है। तृतीय अध्याय में अष्टांग योग के महत्वपूर्ण अंग आसन का स्वरूप, विभिन्न ग्रंथों के अनुसार आसनों की संख्या एवं प्रकारों का विवेचन किया गया है। चतुर्थ अध्याय में आसनों की अभ्यास विधि, लाभ इत्यादि का वर्णन किया गया है। पंचम अध्याय में आसनों के निरन्तर अभ्यास से चर्म, नासिका आदि सम्बन्धी रोगों से मुक्ति पाने की युक्ति को दर्शाया गया है, जिससे लोगों का जीवन आनन्दमय बन सके।

संदर्भ ग्रंथ सूचि

1. पतंजलि योगसूत्र – महर्षि पतंजलि गीता प्रेस, गोरखपुर, उत्तरप्रदेश
2. श्रीमद्भगवदगीता – गीता प्रैस, गोरखपुर
3. सांख्यकारिका – ईश्वरकृष्ण विरचित, चौखम्भा पब्लिशर्स, वाराणसी, उत्तरप्रदेश
4. हठयोग प्रदीपिका
5. घरेण्ड संहिता – अजय कुमार उत्तम कृष्णदास अकादमी, वाराणसी, उत्तरप्रदेश
6. संस्कृत हिन्दी शब्द कोश – मोती लाल, बनारसी दास, दिल्ली
7. पातंजलि योगसूत्र के आधर भूत तत्व – सत्यम् पब्लिशिंग हाऊस, एन – 3 / 25, मोहन गार्डन, नई दिल्ली
8. मनुस्मृति – आर्यप्रचार साहित्य ट्रस्ट, दिल्ली
9. योग एवं यौगिक चिकित्सा – प्रो. रामहर्श सिंह (1999) चौखम्भा संस्कृति प्रतिष्ठान, 38, यू. पी. बंग्लो रोड़, जवाहर नगर, पो. बा. नम्बर 2113, दिल्ली
10. हठयोग प्रदीपिका – डॉ. चमन लाल गौतम, संस्कृति संस्थान, वेदनगर, बरेली
11. पातंजल योगसूत्र – रणधीर प्रकाशन, रेलवे रोड़ (आरती होटल के पीछे) हरिद्वार
12. शिव संहिता – चमनलाल गौतम, संस्कृत संस्थान, बरेली, उत्तरप्रदेश
13. योग वसिष्ठ – डॉ. महाप्रभुलाल गौस्वामी, तारा बुक एजेन्सी, वाराणसी, उत्तरप्रदेश

14. आसन एवं योग विज्ञान – भारतीय योग संस्थान, शालीमार बाग, दिल्ली – 2

15. योग परिचय एवं परम्परा – 108 उपनिषद् (साधना खण्ड), युग निर्माण योजना गायत्री तपोभूमि, मथुरा, उत्तरप्रदेश

16. अथर्ववेद – पंडित जयदेव शर्मा, आर्य साहित्य मण्डल, अजमेर

17. ऋग्वैदिक वैदिक मन्त्रालय – सरस्वती स्वामी दयानन्द (1976), अजमेर

18. व्यास भाष्य संकलित पातंजल योग दर्शनम् – चौखम्भा सुभारती प्रकाशन, वाराणसी

19. कुण्डलिनी योग – योग पब्लिकेशंस ट्रस्ट, गंगादर्शन, मुंगेर, बिहार, भारत

20. युजुर्वेद वैदिक मन्त्रालय – सरस्वती स्वामी दयानन्द (1976), अजमेर

21. श्रीमद्भागवत पुराण – ठाकुर प्रसाद एण्ड संस, वाराणसी

22. वेदों में योग विद्या – डॉ. योगेन्द्र पुरूषार्थी, यौगिक शोध संस्थान, योगधाम आर्य नगर, ज्वालपुर, हरिद्वार

23. सत्यार्थ प्रकाश – अजमेर प्रकाशन संख्या 2028

24. माण्डूक्योपनिषद – सर्वानन्द, स्वामी रामकृष्ण मठ, मैलापुर, मद्रास

25. योगदर्शन – गोयन्दका, श्री हरिकृष्णदास (2013) योगदर्शन (हिन्दी व्याख्या) गीता प्रैस, गोरखपुर

26. 108 उपनिषद् (ज्ञानखण्ड) – आचार्य पं. श्री राम शर्मा, युग निर्माण योजना, विस्तार ट्रस्ट, गायत्री तपोभूमि, मथुरा, उत्तरप्रदेश

27. भारती योग परम्परा के विविध आयाम – पाण्डेय, राजकुमारी (1993) राधा पब्लिकेशन, नई दिल्ली

28. आयुर्वेदीय क्रियाशरीर – जैन, प्रो. पूर्ण चन्द्रः – आयुर्वेदीय क्रियाशरीर – चौखम्भा संस्कृत प्रतिष्ठान, 38, यू. ए., जवाहर नगर, बंगलो रोड़, दिल्ली – 110 007

29. योगाभ्यास सुखी जीवन – श्री पाल जर्दे, चन्द्रमा प्रकाशन, कोल्हापुर – 3

30. घरेण्ड संहिता – बिहार योग सरस्वती, स्वामी निरंजनानन्द (1997), विहार योग भारतीय, मुंगेर, बिहार

31. महाभारत

32. तपथब्राह्मण

33. रघुवंशम्

34. गरूड़ पुराण

– – – – – – – – –